部下の能力開花は関わり方次第

あなたの部下は何色レンジャー？

松尾久美子 著

セルバ出版

はじめに

相手が思うように動いてくれる魔法があったらいいのに、と一度は思ったことはないですか？

「なんであの人は言ったとおりにしてくれないんだ？！」

「なんでいつも○○さんは、提出が遅いんだ！？」

「なぜ●●さんは、言い訳ばかりするんだ？」

仕事をしていると、相手にこんな不満や憤りを感じることが多少なりともあるでしょう。ましてや部下や後輩をまとめる立場になると、その想いは一層強くなると思います。

組織において「人」の課題は益々増加し、複雑化するばかりです。

「人材不足」に「人の定着率」「若手労働力の減少」など目に見える数量や動きの問題から「職場の人間関係」「人材育成」「技術継承」と目に見えない質の問題まで、本当に様々です。

時代が進み、技術が進化しても、人と人とが関わる以上、人間関係の問題はなくなりません。

自分と同じように相手も考え、相手も行動してくれたら心理的ストレスもないのでしょうが、相手にも意思があり言動の自由があるわけです。

私自身、会社員時代にはキャリアも長い年上の人に「どうしたら気持ちよく相手が動いてくれるんだろうか」と悩んだ時期がありました。強く言うこともできず、かと言って受け身では業務が進まず、後の工程の人に迷惑をかけることにもなります。お願いすべきことはしないといけない中、試行錯誤しながら仕事をしていました。

当時は心理学も色彩学も知りませんでしたが、「相手が気持ちよく進んで動いてくれる」ことが大事だと感覚的に掴んでいたので、現場で努力するうちに体得できたと振り返って思います。

また退職し起業してからは、様々な年代層の方の指導や育成に携わってきましたが、改めて思うのが「やる気スイッチを入れること」の重要性です。

人は命令では動かない。学術的な点からも今はそれが納得できます。

かつては終身雇用制度で企業戦士として働くことが当たり前だった時代から、世の中は確実に変化しました。1つの会社に定年まで命を捧げて働く人が少なくなり、自分の個性や能力を活かすことや仕事の面白さを求めて転職する人が増えています。ただでさえ人手不足で人の確保が難しく、人の定着に頭を悩ませる企業が多い現状です。

一方で働く人の気持ちとしては、「生活のために我慢して仕事する」というネガティブな思いだけでなく、「働く喜びを感じたい」と思っている人が多いことも事実です。

「よい人を採用したい。その人に長く働いてほしい」という企業側の想い。

「働く喜びを感じることは大事だと思うけれど、今は感じられていない。だけど、できれば喜びを感じて働きたい！」という働く人の想い。

この両者の想いを実現すべく、本書をまとめあげました。

本書は単なる人の扱いのハウツー本ではなく、色彩学と心理学をミックスさせたものであることが、他の書籍やメソッドとの大きな違いです。

「働き方改革」が進む中で、新しい世の中に移行しつつある2020年。奇しくも新型コロナウイルスによって、強制的に新しい働き方が生まれたわけです。テレワーク時代になっても変わらぬ人との関わり。むしろ普段顔を合わせる機会が減るからこそ、今まで以上に人間関係の絆が必要とされるでしょう。

相手を思いどおりに動かす魔法はないですが、気持ちよく動いてもらえる秘訣は本書にあります。相手の行動を変えるには、自らの関わり方、つまり働きかけを変えることがすべてです。

働き方改革は「働きかけの改革」が肝であり、働き甲斐のある職場を創造し、やる気に満ち溢れて働く人たちがいっぱいの組織を創っていってほしいと願うばかりです。

本書を通して私は、働く人も、雇用する企業も元気な社会を応援していきます。

そのためにも、今日から、自ら変革を起こしていきましょう。

松尾　久美子

2020年7月

部下の能力開花は関わり方次第―あなたの部下は何色レンジャー？　目次

第3章　無意識に操られる色の不思議

第4章　戦隊シリーズの歴史を紐解く

第5章　人間関係の1ステップ【自己理解】

第6章　色タイプ別5色の性格と特徴を徹底解説

第7章　人間関係の2ステップ【相手を知る】

第8章　人間関係の3ステップ【関わり方を変える】

第9章　色彩タイプ別関わり事例紹介

第10章　色を味方に組織を創る

第1章　組織を取り巻く現在の課題

1　昭和➡平成➡令和：働き方の変遷

「24時間働けますか？」は今やパワハラに

あなたは仕事が好きですか？

仕事を楽しいと思いますか？

なぜあなたは、働いているのですか？

これらの問いは、人それぞれの回答はあるのはもちろん、世代によっても一定の傾向が見られることでしょう。

何が正解で何が不正解といった問いではありませんし、誰かの考えを押しつけるものでもないと思います。

人生の大半の時間を占めると言われる「労働（仕事）」に対する価値観、考え方は時代と共に大きく変化をしてきました。

「残業することが当たり前」「上司の言うことは絶対」「能力に関係なく、長く勤めている順に昇進」だった昭和の時代。

特に高度経済成長期と言われる時代は、仕事は生きるための手段で会社から与えられるもの、という意識が強かったようです。

その後、安定成長期を迎え年功序列・終身雇用制度が前提の世の中になります。就職したら一生その会社で働くのが当たり前。朝から夜遅くまで会社や組織と一体となって戦う働き方でした。「長く働くことがカッコイイ」といった企業戦士が美徳とされていた時代。「頑張れば豊かになれる」という風潮も強くモーレツ主義で、三種の神器（３Ｃ：カラーテレビ、クーラー、自動車）などのシンボルを始め、皆が持っているものを持つことがステータスでもありました。

上司は絶対的な存在で、能力が低くても長く勤めている順に昇進するシステムを採っている会社が多く、尊敬できない上司だと諦めるか転職するか。嫌でもうまく付き合っていく方法を模索しながら、強固な「会社内タテ社会」を生き抜く必要がありました。派閥争い、権力闘争、出世レース……。家庭よりも会社重視の生活を送っていた人が多かったことでしょう。

１９８６年からのバブル経済期、「仕事は自分で生み出すもの」という考え方が広まり、仕事そのものが目的化し始めた時代に入ります。当時は働けば働くほど儲かる時代で、人手不足による売り手市場。働き方もフリーランス、ＳＯＨＯなど組織に属さない働き方も目立ってきました。時計や車、不動産など高級商品がシンボルとなり、人と違ったものを所有することがステータスの時代でした。

「24時間戦えますか」というキャッチフレーズが登場したのは、ちょうど平成元年（1989年）のことでした。今思えば、イケイケの時代を象徴するかのようなフレーズです。今、これを言ったならパワハラと呼ばれ、法に触れることになるかもしれません。

働き方の大きな転機―自分らしさ・プライベート重視に

バブル崩壊により、企業の倒産、リストラが相次ぎ採用も氷河期時代へと突入します。終身雇用の崩壊、年功序列の見直し、非正規雇用の増加など従来の働き方が大きく見直されるきっかけとなり、成果主義、実力主義を重視する企業が増加し始めます。

当時の団塊ジュニア世代と言われる人たちは、普通に働くだけでは安泰ではなく、自身の社会的価値を高めることに積極的になり、プロフェッショナル志向が高い世代とも言われています。ヒルズ族のように、働く場所やどれだけ忙しいかをアピールするのがステータスになった時代でもありました。

政府も時短、週休2日、ノー残業デーなどを設け、これまでの長時間労働から一転、労働時間の引き下げ施策を打ち出しました。

失われた20年を経てアベノミクス景気となり、2017年から益々、働き方改革が加速していきます。ゆとり世代と言われる１９８７年〜２００４年生まれの人たちは、地位や年収などの外的要因ではなく、自身が充実することを重視したワークライフバランス型の傾向が多いようです。

また１９９０年代生まれのさとり世代の人たちは、幼い頃からネットやＰＣに親しみがあるので、取捨選択能力にも優れコスト意識も高く、仕事に対する意欲が低い傾向も見られるようです。

ゆとり世代にもさとり世代にもどちらにも共通しているのは、プライベートを優先にした働き方。他人に自慢するよりも家族の時間や趣味、旅行や社会活動など自分が本当にやりたいことを体験することがステータスになっているようです。

新入社員向けの「働くことの意識調査」平成30年度（公益財団法人日本生産性本部調査）でも、働く目的は昭和46年の結果から比べると、「楽しい生活をしたい」（41・1％）が「自分の能力を試す」（10・０％）よりも大きく得点しています（図表1）。また、「人並み以上に働きたい人」は31・３％で「人並みで十分」と考える人61・１％に比べ、年々大きく差が開いていています。

さらに、若いうちは自ら好んで苦労すべきかどうか、の問いでは「苦労すべきだ」が年々減少傾向にあり、昭和44年の約60％に比べ、平成30年では約45％になっています。一方、「好

【図表１　「働くことの意識調査」平成 30 年度(公益財団法人日本生産性本部調査)】

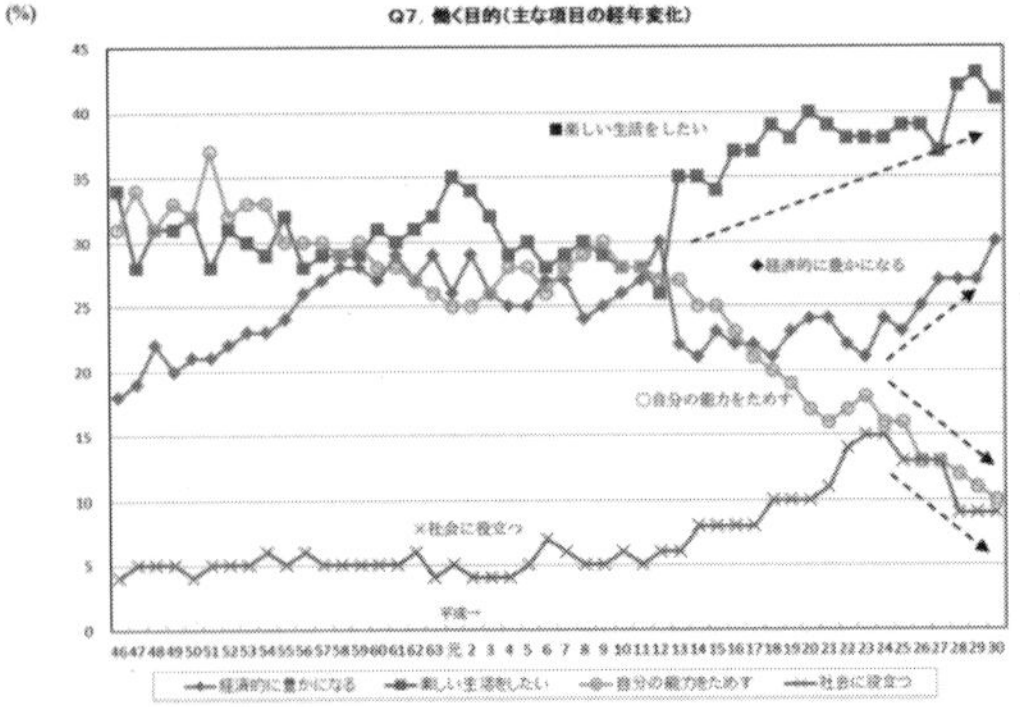

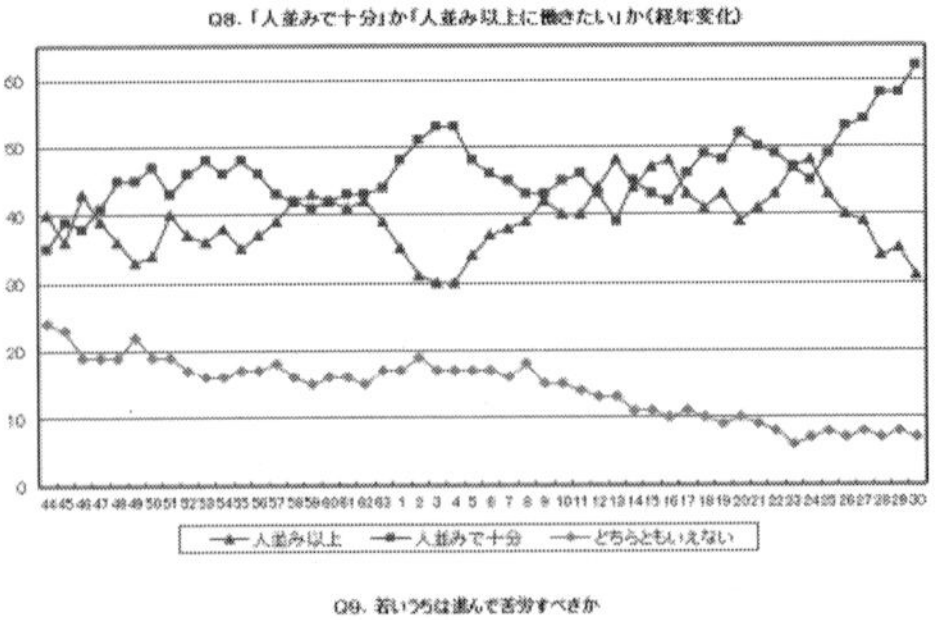

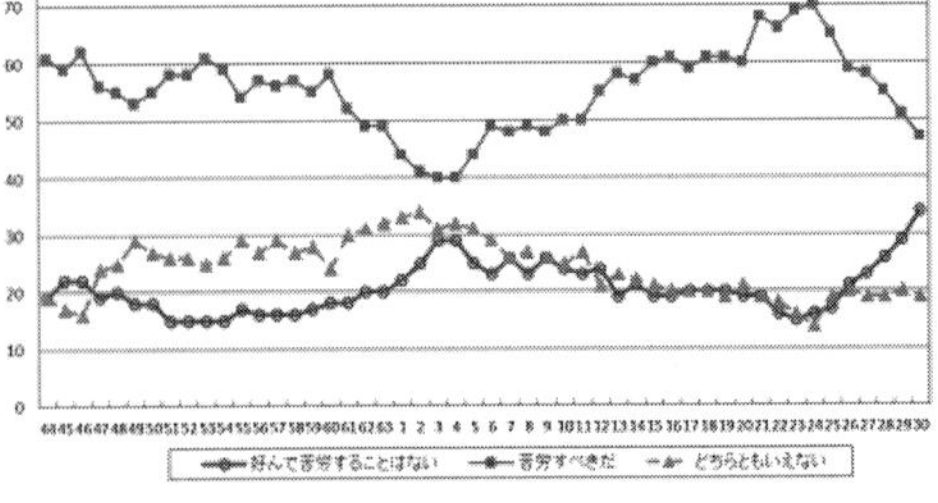

んで苦労することはない」と回答した人は、20％から増加傾向で34・1％になっています。

また、20代の転職を考える人が仕事に求めることは、「プライベートを大切に働けること」「人間関係のよい職場環境で働くこと」「自分らしい生活ができること」の３つだそうです。

こういった調査結果からも、働く目的や働く意義が大きく変わってきていることがわかります。それは同時に、かつての常識が今や当たり前ではなく、化石化しているとも言えるのではないでしょうか？

テレワークの時代に―問われる仕事のあり方

会社のため、組織のためにモーレツに働く時代を経て、自分のために自分らしい働き方を求め、仕事とプライベートのバランスを取り、自分の納得する働き方に変化してきた平成が終わり、令和の時代に入りました。残業時間の上限を設けたことや副業の解禁、在宅・テレワークの普及などで、育児や介護をしながらでも仕事が可能になりつつあります。

ちなみにテレワークの言葉の定義を確認しますと、「情報通信技術（ICT = Information and Communication Technology）を活用した、場所や時間に捉われない柔軟な働き方のこと」だそうです（一般社団法人日本テレワーク協会より）。自由度が増した働き方の１つだと言えるでしょう。

奇しくも現在、新型コロナウイルスによる緊急事態宣言も発出され、テレワークや時差出勤が強制的にスタートしたわけです。コロナが落ちついたところで、「これまでの働き方に戻るかと言えばそうではないだろう」と多くの方が予想されていますが、テレワークなどオフィスを持たない働き方がどんどんと加速されることもあり得ます。

これまで以上に大きな変革、改革が目まぐるしく進んでいくはずです。これからの時代に、あなたはどういった働き方をしていきますか？

また、仕事に何を求めていきますか？

2　人は扱われたように、人を扱う

働き方は変われども、会社から求められるものは変わらない

働き方の変遷をざっと見てみたわけですが、かといって企業が求めるものは業績アップ、利益を増大させることに変わりはないでしょう。

働き方改革で時短勤務に喜ぶ人に、ちょっと言いたいことがあります。

会社の業績が下がったとして、あなたの給料はそのままだなんて思っていませんよね、と（笑）。

企業だから利益の追求は必須です。時短になった分、これまで以上に効率が求められ、生産性を最低でも現状維持、本来であれば高める必要があるわけです。そういう点では激しさが増す時代だと個人的には考えております。

ましてやリーダーや役職者に求められるのは、チームとしての成果、結果です。時短やテレワークが進む中で、離れていても勤務時間が短くなっても、チームメンバーと良好な関係性を構築し、結果を全員で出していく、というリーダーシップやマネジメント能力がこれまで以上に求められるわけです。

働く喜びの減少背景は上司・同僚とのコミュニケーション不足

リクルートキャリア調べによる「働く喜び調査」では、10代から60代の働く人を対象にした調査で興味深い結果がでています。

２０１８年時点で、働く上で「働く喜び」を必要としている人は84・1％いるにも関わらず、実際に感じている人は42・６％という結果に落ち着いています。また働き方も主導権が企業から個人へ移行しつつある中で、約４人に１人が「自分の望ましい働き方」を望んでいることもわかります。

面白いのが、「自分の持ち味ややりたいこと・自分の軸となる価値観の自覚」「それらが活かされる仕事・職場を選択していること」「上司同僚との密なコミュニケーション・期待がある職場環境」が働く喜びに大きな影響を与えている、ということです。

つまり自分の望ましい「働き方」ができているかどうかが、「働く喜び」に強く影響を与えている、ということです。これは時代の傾向との相関関係もあるので納得です。

２０１３年からの６年間の調査結果では「働く喜びの減少」背景には職場環境、人間関係が大きく影響していました。実際「上司とは仕事上のコミュニケーションをよく取っている」「上司は自分に期待してくれている」「先輩・同僚とは仕事上のコミュニケーションをよく取っている」のポイントが減少しています。

「働く喜びなんて、業績と関係ないじゃないか」と思われる方もいらっしゃるでしょう。ですが、今やキャリアアップの転職は当たり前、１つの企業に骨を埋める覚悟がある人は少なく、心地よい職場を求め転職することも厭わない人が多いわけです。

そのため、上司である皆さんは、部下や後輩とのコミュニケーション・関係性が彼らの働く喜びに影響を与えている、と改めて自覚していただきたいと思います。少なくとも本書を手にされている方は、ちょっと色々考え直さなきゃいけないかな～と思っていらっしゃるのではないでしょうか？

部下育成のお手本はかつての上司

とはいえ、「部下育成なんて習ったことはないです。どうしたらいいのかがわかりません」とおっしゃる方も多いでしょう。人の教育なんて教科書には書いていなかったし、専門のスクールがあるわけでもないですから、仕方のないことです。

ご安心ください!!　それはあなただけでなく、全員に当てはまります。あなたがかつて若手のときに当時の上司から指導されたように、あなたも今の後輩や部下に指導していませんか？　それがよかったのか、悪かったのかはわかりませんし、あなたに合っていたのか、合っていなかったのかもわかりません。そのおかげで社会人として成長できたもいれば、反面教師として考えている方もいらっしゃるでしょう。

子育てに正解がないように、部下育成にもこれは完璧！　という正解はないものだと私は思います。もちろん傾向はありますが、最終的には相手に合わせた指導をオリジナルで、現場で臨機応変に創り上げていくものではないでしょうか？　なぜなら、人は10人いれば10通りの考え方、性格があるからです。

だからここで一旦、立ち止まって指導法や関わりを見直してみませんか？

かつては通用していたやり方も、今は通用しないこともあります。あなたの関わり方が後輩・部下に合っているかを確認しないと、後輩・部下の資質を潰すことにもなりかねません。

3　隣の部下は宇宙人⁉

普通は不通⁉

世代間ギャップは既に今、感じていらっしゃる方も多いかと思います。中にはご自身のお子さんくらいの年齢の部下をお持ちの方もいらっしゃるかもしれません。

例えば、業務終了後の呑み会。「この後、ちょっとどう?」と聞いたら、以前であれば「いいですね～1杯いきましょう」と応えてくれたのに、今や「家族が待っているので帰ります」と平気で断られたり、中には「それって残業代出るんですか?」なんて聞かれたり…飲みニケーションなんて言っていられません（苦笑）。

欠席や遅刻連絡をラインでしようとする新人。メモを取らず写真を撮ったり、スマホのメモを使おうとしたりする人もいます。私も学生の授業でびっくりしたのが、授業中トイレに席を立つのも黙って出る子が多かったことです。講師に一言言うことが悪いと思っているのか、授業の邪魔をすると思っているのか、トイレに行くことが恥ずかしいのかはわかりませんが、無言離席ばかりです。

あり得ないと思いましたが、これが彼らの常識なのです。

「当たり前」とか「普通」とか「常識」とか使いますが、本当にそれ、当たり前なんでしょうか？　常識って自分だけが思っているかもしれません。

言葉が時代と共に変化していくように、常識と言われることも変わっていきます。

自分の常識が「相手にとっての非常識かもしれない」と思って接すると、見方が変わってくるのではないでしょうか？

歩いているときに、道を聞かれたら海外の人なら丁寧に説明しようとするように、後輩・部下も海外の人、いえ何なら地球とは違う惑星から来た宇宙人だと思って接すると、イライラも減るかもしれません。

こんなことは普通だと考える、あなたの前提を疑ってみましょう。

「普通」だと思っていると、後輩・部下にとっては意味のわからない「不通」状態かもしれません。

4　やっぱり⁉　やる気スイッチは人と違う

自分のスイッチがわからない⁉

労働（仕事）に対する価値観や意識が時代と共に変化していっているように、人が「頑張ろう！」と思うスイッチも異なるわけです。世代間の差はもちろん、個人によっても異なることでしょう。同じ世代の方と話をしていてもそれは感じませんか？　家族構成や生活環境によっても左右されることでしょうし、その人の生育環境に影響される部分もあることでしょう。

収入にモチベーションを感じる人もいれば、自分らしさに重きを置く人、地位・名誉に強い思いを抱く人、人との関係を重視する人、危険を避けたいから頑張る人、など様々です。どれも正解です。その人が頑張れる要因を本人が自覚していることが大事です。

本人が自覚していたら、それを上司と呼ばれる皆さんが面談などで探って確認し、そこを刺激すればいいわけなので非常にシンプルです。

厄介なのがやる気の源がわからない人です。中には、私自身わかっていません、という人もいるからです。もしかしたら会社によっては、こういう人が多いかもしれません。その場合はどうしましょう？　一緒に探っていくことが必要です。

内発的動機づけが最強

モチベーションがなくても業務は遂行できるかもしれません。例えば指示通りに動く、などです。ですが、モチベーション＝動機づけがあることによって、目標達成のための行動を継続することができるのです。

結果を出すには行動が必要です。その行動も1回限りではなく、何度も何度も繰り返されることが望ましいわけです。特に企業においては成果を求められる世界ですから、結果につながる行動は必須です。行動の継続のためには、やはりモチベーシは欠かせません。

あなたにも、趣味やスポーツ、読書などやること自体が楽しいから、頼まれてもいないのに喜んでやり続けているものがありませんか？　こういった内側から自然に湧いてくるものがあると、その行動をすること自体が楽しくなり喜んでやり続けることができます。おまけに高い集中力が発揮され、質の高い行動を継続することができるわけです。

このモチベーションで行動するとき、誰から言われたわけでもなく、自分で決めたという感覚を持ち、自分の力でなんとかできた感覚も得られるので、益々自信が出てくるわけです。

モチベーションには「内発的動機づけ」と「外発的動機づけ」の2種類があります。先ほどの例が「内発的動機づけ」です。

「内発的動機づけ」は、自身の内面に湧き起こった興味関心や意欲などの要素で、「外発的動機づけ」は自身の外からの刺激、評価・賞罰・強制などの人為的な刺激による要素です。

この2つのモチベーション、一般的には「外発的動機づけ」の効果は一時的で個人の成長につながりにくく、「内発的動機づけ」の効果の方が持続性があり、個人の人格的成長にもつながる、と言われています。ただ、「外発的動機づけ」による行動を繰り返していくことで、興味関心が生まれ「内発的動機づけ」に変化していくこともある、とされています。

上司である皆さんは、チームの将来のためにも、もちろん結果を出すためにも、後輩・部下の「内発的動機づけ」を見つけるサポートをすることが必須なんだなぁと気づいてこられたのではないでしょうか？

5 人間関係構築は3ステップで

組織の成功循環の法則

売上が伸びることで組織がよくなり、組織がよくなることで売上が伸びる。そんな組織があったらいかがでしょうか？

そのような組織は理想的な組織と言えるでしょう。

さて、リーダー論やマネジメント論でも耳にするマサチューセッツ工科大学のダニエル・キム教授が提唱した「組織の成功循環モデル」をご存知でしょうか？（図表2参照）

これは組織が成果を上げるため、成功に向かって進んでいくために、重視しなければならないポイントを示唆してくれる理論・考え方です。

【グッドサイクル】では、①メンバー間での活発なコミュニケーションがあり、互いに尊重する関係ができています。そのような関係で情報が活発に共有されることで、②思考の質も向上し、③自分で考え自発的に動く人が増えます。先ほどの内発的動機づけが刺激されているので、好ましい行動が継続され、④目標達成ができるのです。そしてそれをメンバーで共に喜び合うからこそ、⑤メンバー間の信頼関係が強化されるのです。

組織がよくなることで、業績が上がる、業績が上がることで、組織がさらによくなる、これぞ理想的なグッドサイクルです。

またこんな組織には人が集まってきたいと思うから、組織の規模がどんどん拡大していくことも想像できるのではないでしょうか？

一方、【バッドサイクル】は、業績に対して厳しい目線が向けられ、①数字への追い込みが強くなると、往々にして②組織の人たちは疲弊し、だんだんと関係性の質が悪化していきます。互いに批判的になり、責任転嫁やなすりつけ、責める心が蔓延します。

関係性の質の悪化は、思考の質の悪化・低下につながります。③アイデアを思いついたとしても、他のメンバーに言っても耳を傾けてくれないだろう、何ならこのアイデアを自分のものにするかもしれない、と言わなくなってしまいます。

【図表2　グッドサイクルとバッドサイクル】

【グッドサイクル】

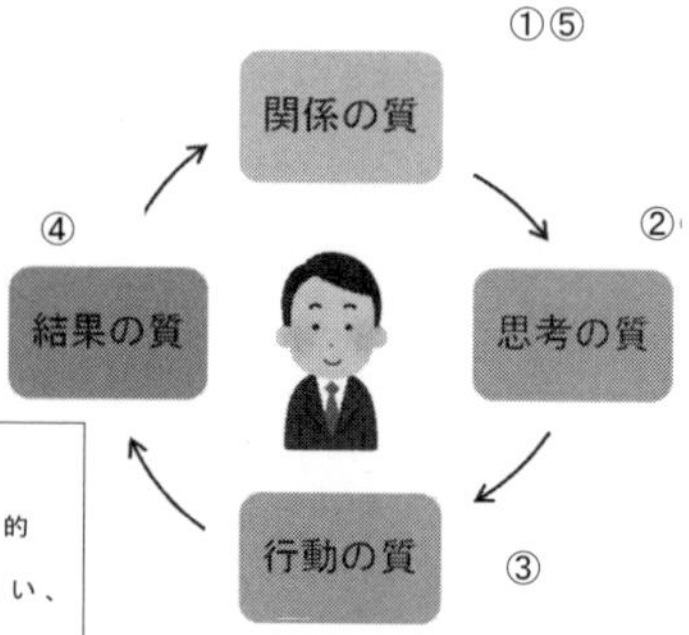

①関係の質：互いに尊重、対話
②思考の質：気づき、アイデア、創造的
③行動の質：主体的行動、助け合い、挑戦
④結果の質：成果の実感、予想以上の成果

【バッドサイクル】

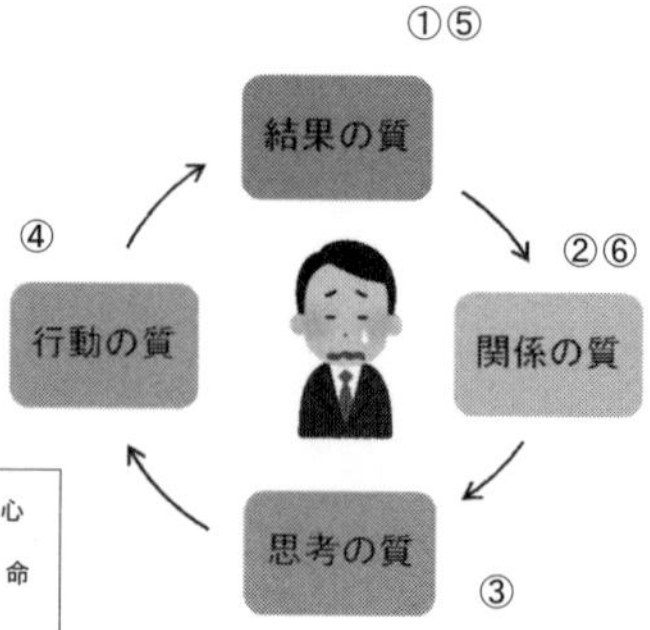

①結果の質：成果が上がらない、責め心
②関係の質：対立、押し付け、指示命令
③思考の質：受け身、失敗回避、面白くない
④行動の質：消極的、自己防衛

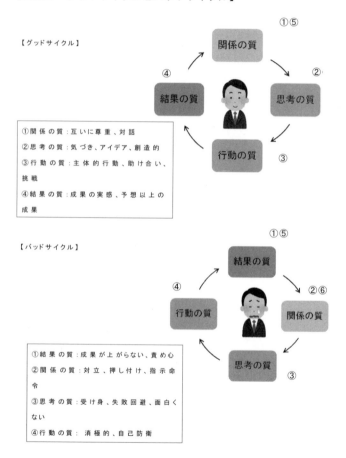

思考の質が低下し、与えられた仕事を自分で考えずに淡々とこなすだけになると、④行動の質は当然下がります。行動の質が悪ければ、⑤結果が出にくくなるのは明らかでしょう。さらには結果が出ないことに対し、⑥メンバーを責めるなど他責の人が増えると、関係の質は一層悪化します。

結果も出ないで、関係性もよくない。まさにバッドサイクルです。

こんな組織に誰がいたいでしょうか？　人が離れる、辞めていく組織になるわけです。どんどんと組織のサイズが縮小していくことも想像できるでしょう。

だからこそ、結果に関係のないように思える「関係の質」を向上させることが、一番の近道であり成功の法則でもある、とおわかりいただけたのではないでしょうか？

関係の質を高める3ステップ

そのためにまずは何から始めるのか？

関係構築は３ステップです（図表３参照）。

・1ステップ

他人と関わる前提として、自分を知ることが第一歩です。

自分がどんな性格で何を大事にし、どんなことに喜びを感じ、どんなことを嫌がるのか。

自分の得意、不得意は何か。自分をとことん知りましょう。自分の当たり前を把握してください。これが基準になります。

・2ステップ

相手を知ることです。

後輩・部下がどんな性格で、何を大事にしているのか。どんなことに喜びを感じ、どんなことで気持ちが下がるのか。得意や不得意は何か。自分とどう違うのか。よし悪しの判断をすることなく、ただ知る段階です。

・3ステップ

関わり方を変える。

後輩・部下の特性がわかれば、どう接していけばよいかもわかってきます。違いを受け入れ、相手の内発的動機づけを共に探しながら、刺激する段階です。

相手を変えようとしてもうまくいきません。ですが、相手への関わり方を変えると、相手の行動が変わってきます。

詳細は第5章で述べますが、心理学でもよく言われる「人と過去は変えられない」という言葉がまさに真実です。相手を変えようとするのではなく、相手への関わり方、接し方を変えることで、自ずと相手の行動が変わってしまう仕組みを活用すればいいのです。

【図表３　関係構築の３ステップ】

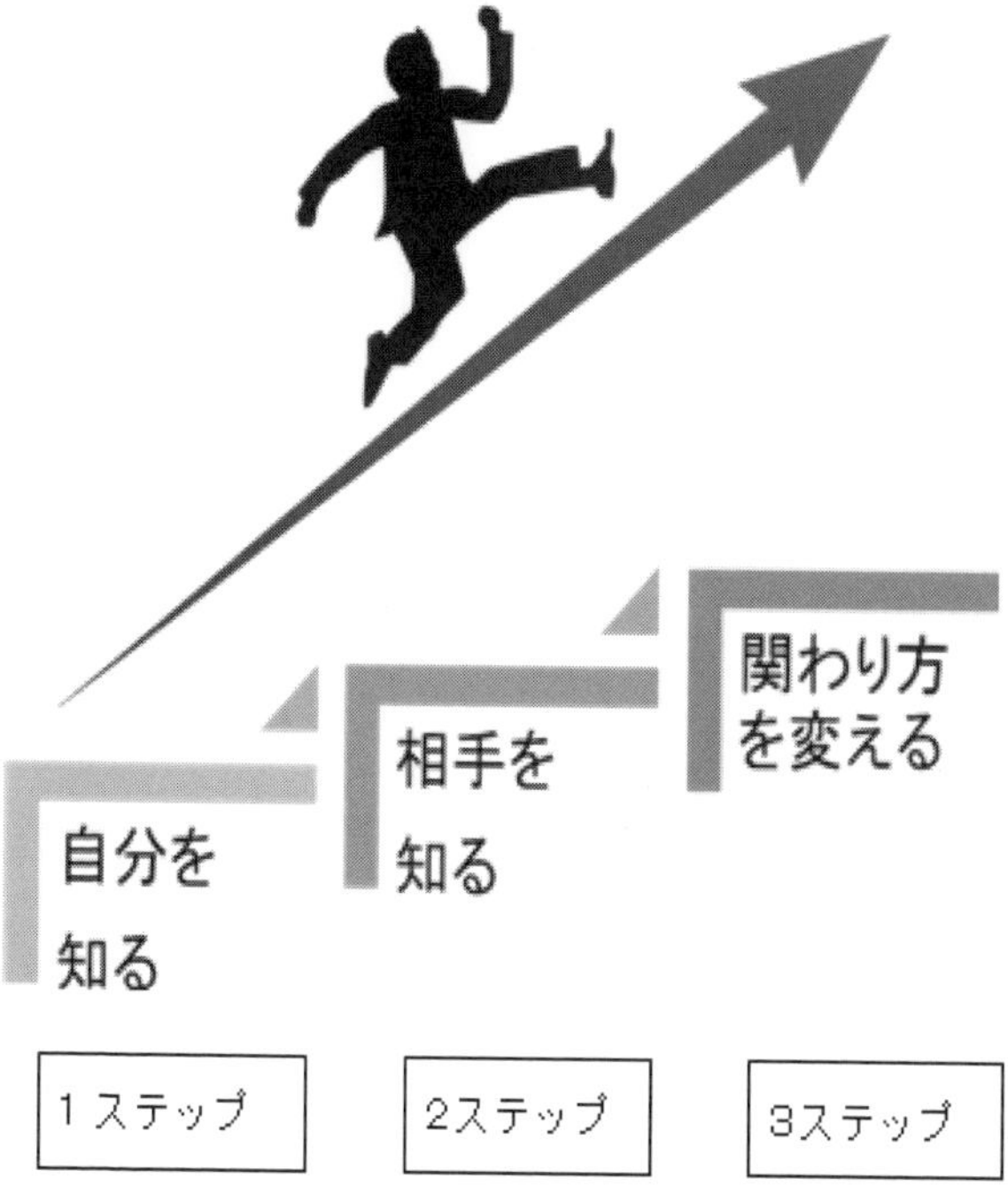

6　部下へのハタラキカケ改革で信頼を築く

あたなは北風派？　太陽派？

研修でもよくお伝えする内容ですが、人材育成はイソップ物語の「北風と太陽」がよい教科書なのではないか、と考えています。

ご存知の方も多いでしょうが、改めて内容を思い出してみましょう。

旅人のコートを脱がせようと北風と太陽が力比べの対決をします。北風は力いっぱい吹いて、上着を吹き飛ばそうとしました。しかし寒くて旅人は上着をしっかり押さえてしまい、北風は旅人の服を脱がせることはできなかったのです。次に、太陽が燦燦と照りつけると、旅人は暑さに耐え切れず、自分から上着を脱いでしまったお話です。もちろん、太陽の勝利です（図表4）。

この寓話から、様々な学びがありますが、人材育成においては『冷たく厳しい態度で人を責め、人を動かそうとしても、かえって人は頑なになるが、温かく優しい言葉や態度を示すことで、人は自分から行動する』という組織の行動学にも通じる教えがあるのではないでしょうか？

【図表４　あなたは北風派？　太陽派？】

今、あなたが行っている指導は北風派ですか？太陽派ですか？

違いを認め受け入れてこそ、開く扉がある

皆さんがガミガミ言って、渋々動かれるのも辛いことでしょう。

いつも叱っているよりも、できれば褒めたいですはずです。

せっかくなら言わなくても、望ましい行動を繰り返してくれたほうが成果も出ます。褒めることもできるし、ご自分にも相手にも嬉しい結果になり一石二鳥、いえそれ以上のものをもたらすのではないでしょうか？

相手の心の扉を開くことができるのは、あなた自身の相手への関わり方次第です。

無理やりこじ開けるのではなく、ウエルカムで

相手に開いてもらいましょう。

あなたが相手を受け入れたら、あなたが相手に受け入れられます。

これからの時代、働き方がどんどん多様化され、共有できる時間も場所も限られてくるかもしれません。だからこそ、効率よく有効な関わりを知っておく必要があるのではないでしょうか？

長期的な組織繁栄のために、後輩・部下の主体的な行動を促すためにも、相手を知り、相手を認め、違いを受け入れた関わり＝働きかけで信頼関係を築いていきましょう。

その一助となるべく、本書で相手の特性を掴んでいただければ幸いです。

第2章　色とイメージ

1　好きな色は何色？

今、好きだと思う色

「あなたの好きな色は何色ですか？」

こう聞かれると、何色を思い浮かべるでしょうか？

人間が見分けることができる色は諸説ありますが、750～1000万色とも言われています（もちろん、色覚異常を有する人もいて、見え方は様々ですが……）。

そんな中で、多種多様な色を応えられてもまとまらないので、ここでは巻頭に示した5色の【赤・黄・緑・青・ピンク】中から1つを選んでみてほしいと思います。

できればこのとき、難しく考えるのではなく、直感で選ぶことをおススメします。

この色はこうだから選べない、と頭で深く考えてしまうと、益々深みにハマってしまいます。その場合は、一度目を閉じ、5秒ほど数えて深呼吸します。心を整えた後、パッと目を開けて、最初に目についた色にしてくださっても構いません。

ちなみに、「ずっと前から好きな色」と「最近好きな色」など嗜好色には様々な種類がありますが、ここでは「今、好きだなと感じる色」を選んでいただきましょう。

2　選ぶ色が教える今の願望

好きな色が表すものは

さて、何色を選びましたか？

実は、嗜好色には過去の体験が含まれています。そしてその体験がどちらかと言うと、ポジティブな印象があったから好きになったことが多いのではないでしょうか？

例えば、友人に褒められた服の色、幼少期よく遊んでいたおもちゃの色、大好きな祖父がよく着ていた服の色など。

その色に包まれていると、心地よく感じたり安心したりします。心理的にも生理的に求めていることもあるでしょう。

その中で「今、好きだなと感じる色」を選んでいただきました。

この色が表すのは「現時点での状態（心理・性格）と願望」です。

嫌いな色が表すものは

ちなみに、「好きな色」があるように「嫌いな色」もあることでしょう。

嫌悪色も、嗜好色と同様に過去の体験が含まれています。

幼少期に似合っていないと言われた色、嫌いな先生が着ていた色、痛い経験をした遊具の色、縁起が悪いと言われていた色など、辛い体験や思い出したくない経験があったのではないでしょうか?

嫌悪色は、その色を見ると過去の記憶が思い出され精神的にも、生理的にも受けつけられないことがあります。

そういう視点から見ると、嫌悪色は身体や精神状態を守ってくれるサインにもなるわけです。

現時点での願望は何か?

さて、話を嗜好色に戻します。

もう一度思い出してくださいね。あなたが「今、好きだなと感じる色」は【赤・黄・緑・青・ピンク】の中の何色でしたか?

あなたは今、どんな状態で何を求めているのでしょうか?

それぞれの色から紐解いていきましょう。選んだ色の箇所を読んで、確認してみてください。

3　目立ちたい「赤」の野望

「私（俺）ってすごい!?」が溢れ出る赤のあなた

赤は「生命力」「活力」「行動力」の色で、赤を好む人は外向性が高い人が多いようです。情熱的で競争心もあり、負けず嫌いなことから周りの人からは高圧的に感じられることもしばしばあるそうです。そんな声にも耳を貸さず、勝負師であり誰よりも早く、誰よりも高く、誰よりも大きな成果を求める心が強い人たちです。

赤を選んだあなた――負けたくない相手がいるのでしょうか？　譲れない勝負を控えているのでしょうか？　結果を認めてほしい、と切望しているのではないでしょうか？

「私（俺）ってすごい!?」という目立ちたい気持ちが溢れています。

4　自由に生きたい「黄」のわがまま

天真爛漫・無邪気に毒づく黄のあなた

黄色は「知的好奇心」「無邪気さ」の色で、光を連想させる明るい色でもあります。黄色を好む人は陽気で明るく、目新しいことの好きな好奇心旺盛な人が多いです。子どものように天真爛漫、悪気なく毒づく一面もあります。自由奔放でワガママな印象を与えることもありますが、心のままに行動する素直さは黄色ならでは特徴です。

黄を選んだあなた――今、何かやりたいことがあるのでしょうか？「こんなことをしてみたい！」という夢があるのでしょうか？「もっと自由に生きたい」という心の声が漏れ聞こえてきます（笑）。

5　癒されたい「緑」の落ち着き

頑張りすぎてちょっとお疲れ気味の緑のあなた

緑は「癒し」「安心感」のある色です。「リラックス」と言うと、多くの人が緑をイメージするように、緑を好む人は森林のようなおおらかな心で相手を受け入れ、安らぎを与えてくれる人が多いです。

また議論をしている間に入って意見をまとめる立場になることも多いようです。ただ、どっちつかずになっていることもあるのではないでしょうか？

緑を選んだあなた――ちょっと疲れていませんか？　頑張りすぎや気の遣いすぎで、心や体が休息を求めているかもしれません。ちょっとくらいワガママ言っても大丈夫です！

6　失敗したくない「青」の計算

「私、失敗しないので」片意地張った青のあなた

青は「冷静」「クールさ」を持つ色で、青を好む人は知的でしっかりしている人が多いです。さらに言うと、そう見られようと努力を怠らない陰ながらの努力家でもあります。ただ、そんな態度が周りからは冷たそう、近寄りがたいと思われることもあるようです。

青を選んだあなた――「私、失敗しないので」なんて意地になっていませんか？　誰もバカになんてしていません。だから、肩の力を抜いてください。あなたのちょっとした笑顔が周りは見たいのです。

7　愛されたい「ピンク」の下心

依存傾向の高いピンクのあなた

ピンクは「女性らしさ」「優しさ」をイメージさせる色で、ピンクを好む人は男女問わず、

年齢よりも若く見られる人が多いです。また、小動物を連想されるように可愛らしさを持っていて、好かれやすいキャラでもあるようです。ただ、ちゃっかり計算して振る舞っていることもあるのではないでしょうか？（笑）

ピンクを選んだあなた――人一倍さみしさを感じやすいのではないでしょうか？　その心の奥には誰よりも愛されたい、大事にされたいと思っていませんか？　依存傾向が高くなっていないか、振り返ってみてください。

8　色が表す万人共通のイメージ

日本の太陽は赤色で欧米では黄色

「今、好きだなと感じる色」から「現時点での状態（心理・性格）と願望」を紐解きました。いかがでしょうか？「何となくそうだな」「そんなことも当てはまるかもしれないな」と感じられた部分があったのではないでしょうか？

色には多くの人が共通に感じるイメージや連想があります。

赤と言えば炎、黒と言うと闇のように、時代や民族を越えて同じようにイメージされるものがあり、これを【色の連想】と言います。この色の連想には、色の生活体験や国・民族・歴史・風土が異なることで、個人差や文化の差が生まれるものもあります。

例えば赤と言えば、日本では太陽を思い浮かべる人が多いですが、欧米では太陽は黄色で描かれます。ちなみに、この色の違いは地球の緯度や目のメラニン色素の問題など諸説あるようです。

赤は暖かそうは万国共通?!

この色の連想の中で広く一般化されたものを【色の象徴性】と言います。トイレの女性は赤、男性は青などがこれにあたります。

身近なところに、こういった色のイメージを利用した看板やサインがあり、私たちは無意識に影響を受けているのです。

色には形を超えて、人間の感性に直接的に働きかける特性があります。そのため、「赤は暖かそう」とか「緑は落ち着く」など、心理的に影響を及ぼす働きもあります。この心理的な作用の中にも、時代や個人差などの違いを超えた高い普遍性を持つものも多く存在しています。

本書を読み進める際、色の心理的作用から心身の状態や性格を知るヒントを得る！　と考えてもらえるといいでしょう。

9　部下のイメージは何色？

〇〇さんを色に例えると何色？

では次は、後輩・部下のイメージを色に置き換えてみましょう。

ある部下を動物に例えるように、「〇〇さんは何色？」と考えてみてください。

ここでも【赤・黄・緑・青・ピンク】の5色の中から1色選びます。

先ほどと同じように、深く考えず直感でお答えください。

10　赤っぽい部下は猪突猛進

結果にコミット！　行動派！　イメージが赤っぽい部下

その彼は（彼女は）血の気の多い人ですか？（笑）

今月の目標に向かって、突っ走っているような人かもしれません。いつも何かを追いかけているような忙しい人です。

やる気は人一倍あってエネルギッシュ。人の話を聞かず早とちりをすることもあるかもしれませんが、それでも結果にコミットする行動派です。

11　黄っぽい部下はマイペース

イメージが黄っぽい部下は自由人でムードメーカー

その彼は（彼女は）自由人です。よくも悪くもマイペース。興味がある仕事には没頭するのに、気が向かないと全く進まない……。集中しているかと思えば、突然「閃いた！」と言いだしたり、冗談が好きでしょうもないと思うようなことで笑い転げたりします。

怒りたくなることもあるでしょうが、何となく憎めない茶目っ気を持ち合わせていたりするのでしょう。まさに職場のムードメーカーです。

12　緑っぽい部下はニコニコと

イメージが緑っぽい従順な部下？！

その彼は（彼女は）優しい人です。いつもニコニコと快く対応してくれます。

ただ何でもお願いしやすいから、と無理難題も押しつけていませんか？

彼が（彼女が）怒っている姿なんて、なかなか見かけることはないでしょう。我慢強い彼（彼女）だからこそ、ストレスを抱えている可能性もあります。

一方的にあなたが話してばかりだったら、彼の（彼女の）意見も聞いてあげてください。

13　青っぽい部下は淡々と

隙がなくて優秀な部下はイメージが青っぽい

その彼は（彼女は）きっと賢く能力も高いことでしょう。言うことも論理的で間違いもなく優秀な人材です。ただ、ちょっと隙がなくて、怖い感じがするのでしょうか？

実は彼（彼女）自身、いつも気が張っているほどに頑張っていて、人に知られず努力も重ねている人なのです。その頑張りを周りの人に知ってもらえたら、きっとその人たちの反応も変わってくるはずです。だからこそ、正しさと優しさを兼ね備えた人になってほしいと思います。

14　ピンクっぽい部下は気配りナンバーワン！

ファンが多い部下はイメージがピンクっぽい

その彼は（彼女は）気遣い抜群でしょう。

周りに対して気配り・目配り・心配りが自然にできます。さりげなくコーヒーの砂糖の量を覚えていてくれるような、細やかな配慮ができます。

誰もが気にも留めないような気遣いができ、彼と（彼女と）いると心地がよいのです。そんな何でも包み込んでくれるような優しさで人と接するので、彼の（彼女の）ファンも多いのではないでしょうか？

15　人が持つ雰囲気と色との相関関係

感覚的な性格を【色で見える化】する

いかがでしょうか？

「ぽい、ぽい！」と納得の部分もあったのではないかと思います。

人を動物や芸能人に例えるように、色に例えると、こうしたイメージがピタッと当てはまるのです。

そのベースは先ほど述べたように、色に対する多くの人が感じる共通認識や感覚、心理的な作用、色のイメージに基づいているからです。

何となく感じているものを色に置き換える。

色は万人が共通に感じる感覚です。

人の性格や特性という感覚的なものを、同じ感覚である「色」で表現することで、理解しやすく捉えやすいものにしました。また、遊び心もあり楽しめながら学べます。

人の性格を「色」という万人に通じる共通言語に置き換えることで、人を傷つけることなく会話ができるのです。例えば、積極的で行動力もあるけれど、人の話を聞かない人の性格を表現しようとすると、どんな言葉が思い浮かびますか？　常日頃、前向きな言葉しか使わない人はこういった変換も難なくできるでしょうが、多くの人は悩んでしまうと思います。

この場合、「赤っぽい性格」と表現するだけで、感じる部分を全て包括してくれるのです。

この人が感覚的にわかっているものを色で見える化したものが、本書で取り扱う色タイプ別コミュニケーション、つまり『色コミ』です。

第3章　無意識に操られる色の不思議

1　見るだけではなく肌でも感じる色のエネルギー

ではこの章では、実際に私たちの生活がどれだけ色に影響を受けているのか、色を無意識に感じているのか、をお話しします。

色の正体は

その前に、「色は光である」という大前提を確認しておきましょう。

17世紀、科学者ニュートンが光の成分の分析に成功し、無色透明な光が赤や青などといった単色光の複合体であることを解明したのです。これが小学生の頃、理科の実験で行ったプリズムによる光の分光です。目で受けた光が電気信号となり、脳に伝えられ色として知覚されます。

難しい科学の話はここでは扱いませんが、色は光であり、その光は電磁波の一種である、ということです。電磁波なので、紫外線や赤外線と同じような括りですし、空気中を波のように振動しながら進んでいるのです。

皮膚も色を感じる!?

「色は光である」からこそ、目だけではなく、光を感じる器官からもその刺激を受けることになります。

例えば皮膚がその1つ。皮膚も目と同じように光を受け、色を感じます。

人間は目隠しをしていても、赤い部屋と青い部屋では、脈拍や血圧に変化が出るという実験の報告もあるようです。

他には、赤い下着を履いた場合は血流がよくなって心拍数も増加するのに対し、青い下着を履いた場合は心拍数が減少し血圧も低下した、という実験もあるようです。

また私自身が行った実験では、学生や社会人など受講生１００人以上に目隠しをし、赤い折り紙と青い折り紙に手をかざしてもらったところ、約７割近くの人が赤い折り紙のほうが暖かさを感じた、と回答しました。

皮膚が色を識別できるかはわかりませんが、何かしら光の刺激を受け生理的な反応を起こしている、と言えるのではないでしょうか。特に身につける衣服の色は、意図せず光(色)の影響を受けている可能性が高いので、気にしておくことに損はないかと思います。

このような光である色は、私たちの生活に様々な影響を及ぼしています。知らず知らずのうちに、操られている色の影響を見ていきましょう。

2　暖かく感じる赤で血行促進

赤で戦闘態勢に

先ほどの折り紙や下着の実験事例にもあるように、赤と青では赤のほうが暖かさを感じる人が多いです。

赤い色の光は血流を促進する、と言われておりますが、それは赤い光がアドレナリンの分泌を促進し、交感神経を優位にするからです。交感神経が優位になることで全身が戦闘状態になり、その結果　心拍数の増加、血圧上昇、血液も大量に送り出されるため、血流促進作用があると言われているのです。興奮していると、ぽかぽかしますよね？

そのため、赤には「暖かく感じさせる作用があり、冷え性の人にもよい」とされています。

3　「Sale」の赤に誘われて、気づけばつい買っていた

赤に誘われ、赤に促され、赤字になるカラクリ

赤の生理的な反応以外にも、心理的な作用もお話しましょう。

【図表５　セール看板】

「バーゲン」「Sale」と書いてあると、買う気もないのについフラッとお店に入ってしまって、「今買わなきゃ損!?」という気持ちになって、買ってしまったことはありませんか?

これは、赤の成せる技かもしれません。

赤には【誘目性】といって、人の目を引きつける度合いが高い性質があります。つまり、「興味がなくても見てしまう」状態をつくることできるのです。

だから、「Sale」が目に飛び込んでくるわけです。そして、先ほど述べたように戦闘状態にスイッチを入れる色でもあるので、「買わなきゃ損!」とついつい財布の紐が緩くなってしまいます。

これが赤の心理作戦。このカラクリを知れば、「買う気もないのに止められない」を今日からあなたは脱出できるかもしれません。

4　元気をつかむ黄でパワフルに

黄で笑いをもたらし幸せな気持ちに

黄色を見ると何となく楽しい気持ちになる、という人が多いのではないでしょうか？

黄色の光は「脳内麻薬」と言われるエンドルフィンの分泌を促し、自律神経を刺激し抑圧感を軽減させ、笑いを生み多幸感をもたらすと言われています。痛みを和らげるためにエンドルフィンが分泌されるので、黄色に鎮痛効果があると言われるのも、このためです。

またエンドルフィンは笑うことや心がときめくことでも分泌されるようなので、黄色を見て心身の痛みを緩和し、「大丈夫！」と笑って、益々前向きに考えられるわけです。悩んだときこそ、黄色のパワーで明るく捉えて乗り越えましょう。

5　黄×黒＝注意喚起

黄と黒で惹きつけて読ませる

黄色を日常のどこでよく見かけますか？

【図表６　黄×黒の標識】

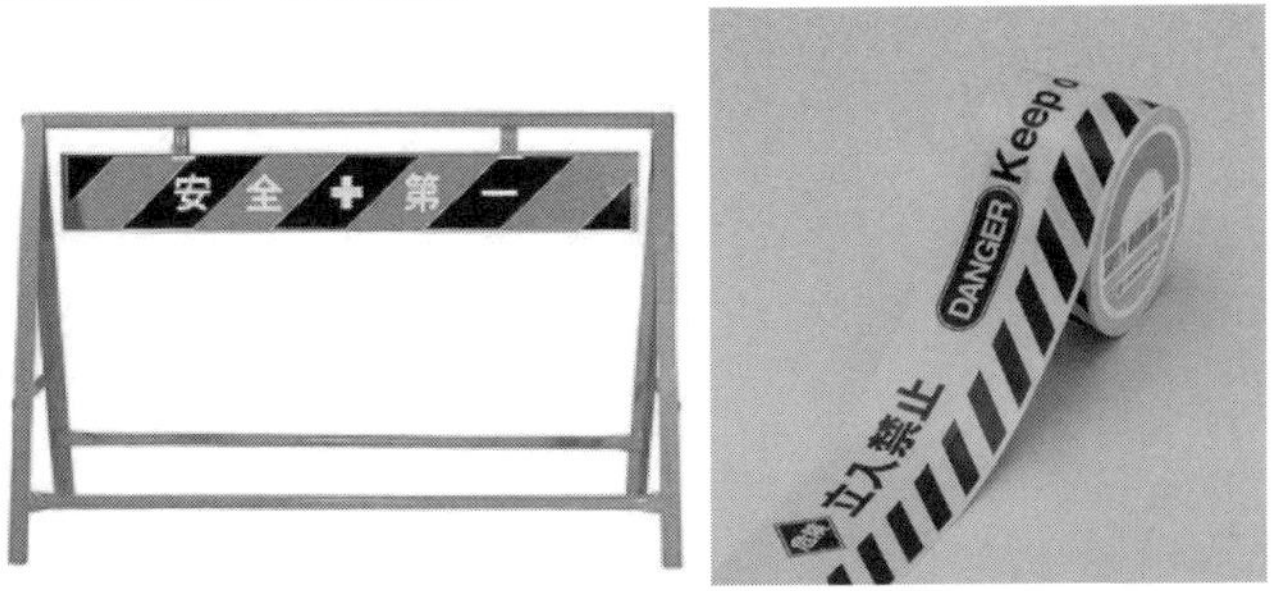

黄色を単色で見かけることは少ないかもしれません。というのも、黄色は他の組み合わせたほうがいい色だからです。

ペアの相手は何色か？

ずばり黒です。黄色と黒の組み合わせは、非常に注意喚起能力が優れています。明るい色と暗い色の組み合わせであるこの2色は、赤の項でも述べた【誘目性】（人の目を引き付ける度合い）が高いだけでなく、読みやすさでもある【可読性】も高いので、「見つけられやすく意味も伝わりやすい！」という特徴があります。

実際にこの2色の組み合わせは、踏切や立ち入り禁止のテープ、工事現場の表示など危険な場所に使われていることが多いです（図表6）。それだけ注目を集めて、知らせなければいけない重要なメッセージだからです。

ちなみに、阪神タイガースもこの2色ですが、危険とは違う意味だと思いますので、ご安心ください（笑）。

6　心身のバランスを整える緑のヒーリング

緑で全身リラックス

緑に癒し効果を感じる人は多いことでしょう。

それは緑が脳内物質のアセチルコリンの分泌に作用し、副交感神経を刺激し、脈拍を遅くし、血圧も低下させ、全身をリラックス状態にさせやすいと言われているからです。また他には、緑色の照明が人間に及ぼす影響を調べた実験では、明るさを抑え緑色の照明にすることで、副交感神経が優位になり、リラックス感を感じやすい結果も出ています。

こうした実験結果からも緑が体に与える影響としては、心身の疲れを癒したり、気持ちを落ち着かせたり、緊張を緩和することが納得できるのではないでしょうか?

7　ＬＩＮＥの緑は安心・安全・使いさすさ

緑の安心感で一気に普及?!

「緑が定番のアプリ!」と言えば、誰もが知っているＬＩＮＥ。

スマホアプリで定番は、Facebook、Twitter、Instagram、そしてＬＩＮＥでしょう。Facebook は青で信用、誠実さを出し、どちらかというとビジネス寄り。一方、Twitter の水色は解放感があり、堅苦しくなく自由な発言の場づくりに貢献しているでしょう。また Instagram は赤紫のグラデーションで、非日常、ちょっと人とは違うオシャレな印象を持ちます。

そんな中で緑のＬＩＮＥ。ビジネスでも非日常でもなく、普段使いできるのは、気取らずにコミュニケーションが取れる手軽さと安心感を、緑の心理作戦で与えられているからかもしれません。乗っ取りの不正ログインが流行ったときに、徹底的な管理をしたからこその安心感はもちろんのこと。また他のＳＮＳにはない緑を使ったことも、カラー戦略の１つとしてブランディングに寄与したことでしょう。

8　心を落ち着ける青は集中力アップ

青の光で自殺防止

青の光を見ると、セロトニンという精神の安定に欠かせない物質が分泌されます。

セロトニンはストレスに対して効能があり、感情コントロールを司り、不安感を抑制します。このセロトニンが不足すると、慢性的なストレスや疲労、イライラ感、意欲の低下、不眠、うつ症状などが見られます。またセロトニン不足に陥ると、攻撃的な行動を誘発することもわかっているようです。

そのため、青の光を見ることで精神が安定し、ストレス耐性も高まり心が落ち着き集中できるのも納得なわけです。

さらに青には眠りを誘う効果もあるようで、なおかつセロトニンは睡眠によっても増加します。セロトニンが増えることで、睡眠に大きく関与するメラトニンというホルモンも増加するため、青い光を浴びれば相乗効果で睡眠を十分取り、セロトニンを分泌しイライラ防止にも繋がるわけです。

他には飛び込みなど自殺が多い踏切やホームの端を青いライトにしたのも、気持ちの衝動を抑え冷静にさせ、精神の不安定さを緩和させる目的なのかもしれません。実際、海外の事例では青の街灯で街の犯罪率が低下した、という結果もあるようです。

9　ビジネスマンの定番！　スーツの青で誠実さアップ

青で信頼感を上げる

青はビジネスでは欠かせない色です。どこで使われているのか？

そう、スーツの色です。一般的に多いのが濃い青です。青は「信頼感のある人」「誠実な人」「知的で冷静な人」というポジティブな印象を与えるからだそうですが、ビジネスの場において、これらのイメージはやはり大事です。また相手に与える印象だけでなく、着ている自分自身も冷静になれたり、落ち着けたり集中力が上がる、という効果も期待できます。

感情的になり、声を荒げたり態度が乱暴になったりすると、印象が悪くなります。冷静さを保ち落ち着いて行動する、感情に左右されず理性で物事を考え判断する、という意味でもビジネスにおける青の役割は大きいと言えるでしょう。

また、青は鎮静効果もあると言われています。ビジネスのシーンだけでなく、鎮痛剤のパッケージカラーにも、青をよく見かけるのではないでしょうか？

10　愛されピンクで若返り

ピンクは女性の味方

嗜好色調査ではピンクが好きだという人は女性に多く、幅広い年齢層からも支持されています。

それはなぜか？

ピンクの光が女性ホルモンの1つであるエストロゲンの分泌を促進し、肌に潤いやハリを与え、若々しさを感じさせると言われているからではないかと考えます。

エストロゲンは、他にも代謝を促したり自律神経を整えたりする役目もあるようで、このおかげで女性の体調は安定しているようです。

そのため、「ピンクは女性の味方の色」と言っても過言ではないかもしれません。思えば、女性向けのコラーゲン商品はパッケージが見事にピンクに染められているではありませんか?!

無意識に女性がピンクに惹かれるのは、女性の味方であるホルモン分泌に有効である、と本能的に悟っていたからかもしれません。

11　サンリオはピンク戦略で乙女心を鷲掴み!?

ピンクで心身ともに若返られる場所

ピンクと言えば、女性らしさ、可愛さ、若々しさをイメージしやすい色です。多くの女性はいつまでも若くありたい、という願望を持っているものです。そんな女性の乙女心をうまく刺激しているのが、サンリオピューロランドではないでしょうか?

これは私の個人的な見解ですが、来場者数を5年で2倍にされたのも、もちろん様々な工夫あってのことでしょう。キャラクター人気はさることながら、色彩戦略の視点から見ると、女性の「いつまでも若々しくありたい」「可愛くいたい」という乙女心や願望を刺激した色遣いが至るところに感じられます。柔らかいトーンのピンクをメインに配したＨＰからもその印象が伝わるのではないでしょうか（https://www.puroland.jp/?target=seasonal)。

子どもの頃に遊んだキャラクターを大人になった今でも楽しめ、当時のような純粋な気持ちに浸れる空間づくりもバッチリ!!「可愛い」が溢れている場所なわけです。もちろんピンクの光の効用である女性ホルモンも大いに刺激され、心身共に若返える場所だからこそ、根強い人気で何度も足を運びたくなるのではないかと思います。

ピンクには「計算された甘え、依存」というメッセージもあるので、まさにピンク戦略なのかもしれません（笑)。

色は無言のメッセージ

色が心身に与える影響を色ごとにご紹介しました。知らず知らずのうちに、生活のあらゆ

【図表７　色の持つ一般的なイメージと作用】

赤	生命力・行動力・パワー・情熱・積極的・攻撃・自発的・意思の強い・短気・傲慢 興奮・血液・怒り
黄	希望・健康的・楽天的・明朗快活・社交的・落ち着きのない・独断的・陽気 消化器・知的好奇心
緑	平和・安全・平等・地に足のついた・慈悲深い・親切な・融通のきかない・嫉妬 人間関係・くつろいだ
青	理性的・誠実・冷静・慎重・信頼感・内省的・機転の利く・忠実な・冷淡・内気 コミュニケーション・鎮痛
ピンク	優しさ・柔らかさ・愛らしい・愛情・甘え上手・幸せで満ち足りている・依存・世話好 き・若さ・ロマンテスト

る場面で操られていたかもしれないと思うと、同じ景色も見え方が違ってくることでしょう。

色は文字や形よりも直感的に理解されやすいため、身の回りの重要なサイン表示にはメッセージを伝えるに相応しい色が使用されています。

例えば信号機や道路標識などです。

「ＳＴＯＰ」と見せるよりも「赤」を見せたほうが本能的に危険を察して止まるものです。

字や形は理解しようとしますが、色は感覚に訴えかけます。ダイレクトなメッセージとして伝わりやすいのです。

こう考えると色のメッセージ性が大きいことも納得できるのではないでしょうか？

ここに述べた以外の５色の持つ一般的なイメージや作用は図表７に示してあります。ご参照ください。

では続いては色と性格の関係性を、さらに考えてみましょう。

第4章　戦隊シリーズの歴史を紐解く

1　リーダーはいつも〇レンジャー

色と性格は切っても切れない長〜い関係

ここまで読んでこられた方は、「色と性格に何となく関係性があるのかな?」と思えるようになったのではないでしょうか?

もちろんこれは占いでもないですし、預言でもないのであくまでも傾向です。

ただ今まで何となく感じていたものを、色に置き換えたことで少し明確になったり、スッキリ解消されたりした部分があるかなと思います。

この章では、色と性格の長い歴史をご紹介します。

永遠のヒーロー:スーパー戦隊は5人チーム

誰もが幼い頃楽しんだであろうスーパー戦隊シリーズ。特撮ヒーロー物として、年代を問わず多くの人に愛されてきました。特に男性は何かしらのヒーローにハマった人も多いのではないでしょうか?

この歴史は古く1970年代に始まり、未就学児を中心に広がりました。

【図表8　5レンジャー】

ご存知の方も多いように、5人を基本とした戦隊チームがヒーローとして登場し悪をやっつける、というストーリーです。5人それぞれが異なる色のスーツに変身し、テーマごとのポーズやアイテム、必殺技を披露し5人で力を合わせて戦いました（図表8）。

5人の力・5色の個性

1975年に放送された秘密戦隊ゴレンジャーでは、アカレンジャー、アオレンジャー、キレンジャー、モモレンジャー、ミドレンジャーの5人編成でスタートされました。これが基本形かと感じられ、それから45年以上に渡り、様々なシリーズで展開されています。調べるとたまに3人とか6人、それ以上もあるようですが、基本は5人編成です。

注目すべきは5人のスーツの色。戦隊メンバーの個性は、それぞれに割り当てられた色によって表現されていたようです。

どのシリーズでも必ずいるのが、赤レンジャー、青レンジャー、黄レンジャーの3人。桃（ピンク）レンジャーもほぼ定番となっていて、シリーズによって変わるのが緑レンジャーの存在。黒に代わられることもしばしば見受けられました。

そこで、このスーパー戦隊5人のスーツの色とキャラクターを分析してみました。

やっぱり赤は永遠のリーダー

赤レンジャー……メンバーの中心的存在
青レンジャー……サブリーダー
黄レンジャー……食欲旺盛で憎めないキャラ
桃レンジャー……チームのヒロイン的存在
緑レンジャー……地味でおとなしめのキャラクター

こう見てみると、リーダーは赤レンジャーで青レンジャーがサブリーダは定番のようです。また桃（ピンク）レンジャーは女性の役でシリーズの中ではヒロインです。黄レンジャーは様々なキャラがいますが、憎めない可愛い弟分（たまに妹分）であることが多く、緑レンジャーはあまり強烈な印象のキャラクターではなかったようです。

赤が人の目を引き付ける度合いが高いことは第3章で述べたとおりです。目立つ中心的存在になり、青の爽やかサブリーダー、黄色の明朗闊達さ、桃（ピンク）の女性の優しさ、緑の穏やかな脇役的存在も色のイメージにとてもぴったりです。

2　十人十色の「色」って何？

十人十色に込められた意味

このように歴代のスーパー戦隊シリーズから、スーツの色とキャラクターに関係があることがわかりました。改めて考えると、日本には古くから「十人十色」という四文字熟語があります。

皆さん一度は聞かれたことがある言葉でしょう。

この熟語の意味は「考え・好み・性質などが人によって、それぞれ違うこと」「人の性質は人それぞれ違うため、十人いれば十の種類に分かれる」「人の好む所・思う所・なりふりなどが、1人ひとりみんな違うこと」などです。

では「十色」の「色」について、さらに考えてみましょう。

「色」（いろ）を広辞苑で調べてみると、多様な意味を持っていることがわかります。

①光による刺激
②物の表面に表れている、そのものの現在の内的状態
③男女の情愛に関する物事
④種類
⑤ものの趣

②の「物の表面に表れている、そのものの現在の内的状態」は、人の性格や考え方、好みと捉えることもできるのではないでしょうか？

つまり、昔から人は「色で性格を表現できる」と感覚的に感じていたことになります。だからこそ、スーパー戦隊シリーズではスーツの色をキャラクターに当てはめて、その性格や役割をわかりやすく表現したわけです。

第2章では、直感で部下や後輩・周りの人の印象を色に例えて、相手の性格を見ていただきました。そこで述べた「色と性格の関係性」もこのスーパー戦隊シリーズから、改めて腹落ちできたのではないかと思います。

講演でも、スーパー戦隊のヒーローになぞらえた『色コミレンジャー』の話をします。「自分がするなら何色レンジャー？」と尋ねてみると、皆さん感覚で選ばれる色が、ほぼ当たっていると盛り上がります。直感で選ぶものは、あながち外れていないのです。

第5章　人間関係の1ステップ【自己理解】

1　後輩や部下を動かそうとする前に

他人と過去は変えられないが、自分と未来は変えられる

ここまでお読みくださっている方は、「後輩・部下のタイプや動かし方について知りたい!!」という思いがどんどんと大きくなってきているかもしれません。

鼻息荒い方には、少し酷ですが、ちょっとお待ちください！

え？　なんだって？　早く教えてくれよ〜なんて聞こえてきそうですが（笑）。

こんな言葉聞かれたことはありませんか？

「他人と過去は変えられないが、自分と未来は変えられる」

交流分析のＴＡを提唱したことで、有名なカナダの精神科医エリック・バーン氏が述べた言葉です。

みなさまの中にも聞いたことあるし、この言葉の意味も頭ではわかっている方はいるでしょう。でも実際現場に出ると、職場に行くと、部下と対峙すると、忘れてしまうものです。

念押しをするようですが、自分の気持ちや行動が自分のものであるのと同様に、相手の行動、相手の気持ちは相手のものです。

同じように過去の出来事を「あのときなぜこうしなかったんだろう」といくら悔やんでも、「なんでこうなってしまったんだ」と嘆いても、過去にタイムスリップして変えることは不可能なのです。

自分がコントロール可能なものなのか？

人にしろ、出来事にしろ、自分がコントロール可能なのか否か、この見極めが問題解決の一番の近道です。

他人も過去の出来事も、自分のコントロール外の物事です。

変えられない他人や過去に執着するより、変えることのできる「自分」と「未来」へのアプローチに注力するほうが、どれだけ効率的でしょうか？

業務の生産性という視点で見ても、ほぼ失敗でやっても無駄だとわかっているプロジェクトに時間も労力もかけることほど、意味のないことはないでしょう。

最小限の労力で最大限の成果を出す！　これが理想的なマネジメントではないでしょうか？

では、どのようにしていったらいいのか？

それを今からお話しします。

2　他者との関わりは最大にして難関の自己理解から

成功の秘訣は現状確認から

まず、「自分を変える」ためには何が必要なのか?

この答えを考える前に、こんなシチュエーションを思い浮かべてください。

例えばあなたが今、先日の健康診断の結果メタボで引っかかったこともあり、減量をしようと思っていたとしましょう。もちろん健康で長く生きるためであり、家族のためでもあるわけです。

じゃあ減量を決意してどんなことをするか!?

一切食事をしない人はさすがにいないと思います。

多くの人は「ここまで減らせたらいいよな」という理想の目標体重を決めるでしょう。しかもどのくらいの期間で達成するのかも。これだけでがむしゃらに減量して成功する、という人はいないと思います。

うまく減量を成功させるには方法があるわけです。

減量行動のその前にまずは今の体重を確認し、そして、日々どんな食事をしていて、どれほどの運動量があるのかも調べるのではないでしょうか？

まるで仕事のように細かく書いていますが、一言で言うなら、現状を洗い出します。

そう、まずは現状確認です。

かつて結果にコミットで有名なジムに通ったこともありますが、その際にトレーニング前の最初のカウンセリングでは、やはりここを確認しました。結果を出すには、それだけ大事だってことです。

話を戻しますと、自分を変えるため最初に行うこと。

それは「今の自分を知ること」です。

自分はどんな性格なのか、どんな特性があるのか。どんなことに喜び、どんなことで悲しみ、どういうことに怒りやすいのかなどです。

それは嬉しいことだけでなく、目を背けたくなるようなこともです。

今の自分を知る。それはもしかしたら、厳しい現実を突きつけられる感じがするかもしれません。ですが、安心してください！　完璧な人間など1人としていないのですから。

他者との関わりは、自己理解から始まる

「他者との関わりは、自己理解から始まる」という言葉もあります。

自分の性格や行動傾向を知り、他者（相手）の性格・行動傾向を把握することにより、お互いの違いがわかり、相互理解が深まり、相手への関わりを変えることができるのです。その結果、職場の活性化がもたらされるわけです。

これが第1章でお伝えした、関係構築の3ステップなのです。

変えられるのは「自分」と「未来」だけだ、と申し上げましたが、部下指導において「自分の相手への関わり方」を変えることが有効です。

自分の相手への関わり方、つまり言動を変えると、どうなるのか？

相手の感情が変わります。感情が変わると、行動が変わるのです。

人の感情を理解する者がビジネスを制す

「人は感情の生き物だ」と言われます。

本書を読んでくださっている方の中には「頭ではわかっちゃいるけど、動けない。動きたくない」という状況に陥ったこともある方がいるのではないでしょうか？

頭では（理性では）十分わかっているのに、好き嫌いや恐怖などの感情に揺さぶられることは、珍しいことではありません。

例えば「これは、糖度15の甘いみかんで美味しいです」とすすめられるのと、

【図表９　数字より感情に訴えかける】

糖度 15 の甘いみかんで美味しい
通常のみかんよりも甘くてジューシー、酸味が抑えられていて味も濃くてとっても美味しい

「これは、通常のみかんよりも甘くてジューシー、酸味が抑えられていて味も濃くてとっても美味しいですよ」とすすめられたら、どちらが食べたくなるでしょうか？（図表９）

多くの方は後者を選ばれるのではないかと思います。なぜか？　数字を示されて理屈で言われ思考に伝えられても、心が動かなかったからではないからです。後者はあなたの想像力に訴えかけ感情を動かしました。

人は感情に訴えかけられたほうが、強い動機づけになるとも言われています。

感情は厄介なものではなく、人間にとってなくてはならないものです。それは心身を守ってきたシステムでもあるからです。

相手の行動ではなく、感情を変える

職場の人間関係に話を戻しますと、【自分の相手への関わり方を変えることで、相手の自分への感情が好ましいものに変わる】

これを活用するのです。

脳科学分野の話ですが、感情を司る扁桃体を快感情にすることで、人はその感情を得た行動を繰り返す、と言われています。

つまり、相手への関わり方を変えて、相手の感情（扁桃体）を「心地よい」「嬉しい」「気持ちよい」などの快にすることで、望ましい行動を繰り返してくれるようになるわけです。

好きな人になる

職場で上司であるあなたが、後輩・部下のことを認めたり、評価したり激励の言葉をかけたりすることで、相手は「上司は私のことを認めてくれている」「ずっと見てくれているんだ」と感じ承認欲求が満たされ、「嬉しい」「安心だ」などのポジティブな感情が生まれます。その結果、後輩・部下の行動が自然と好ましいものに変わっていきます。

上司のあなたに「もっと認めてもらいたい」「もっと褒められたい」などの思いが芽生え、「嬉しい」「安心だ」などの感情をもう一度味わいたいから、その感情を味わえるような行動を繰り返す、というわけです（図表10参照）。

逆に上司から毎回怒鳴られたり、嫌みなことを言われたり、全く嬉しくもない言葉をかけられたら、いかがでしょうか？　やる気がどんどん失せます。

【図表10　感情を理解している場合と理解していない場合】

・不快感情を生んだ場合

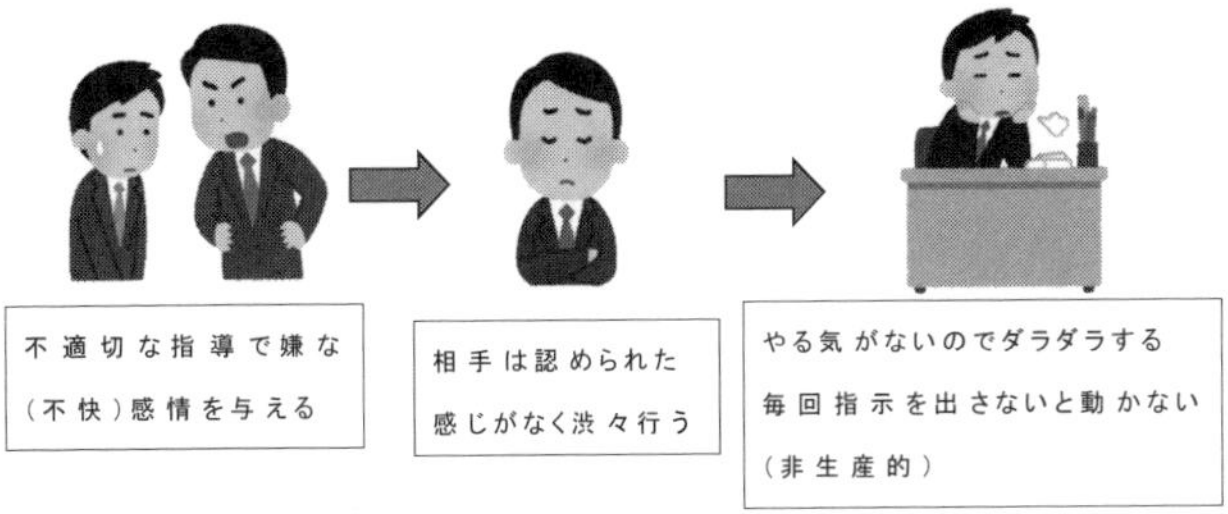
不適切な指導で嫌な
（不快）感情を与える
相手は認められた
感じがなく渋々行う
やる気がないのでダラダラする
毎回指示を出さないと動かない
（非生産的）

・快感情を生んだ場合

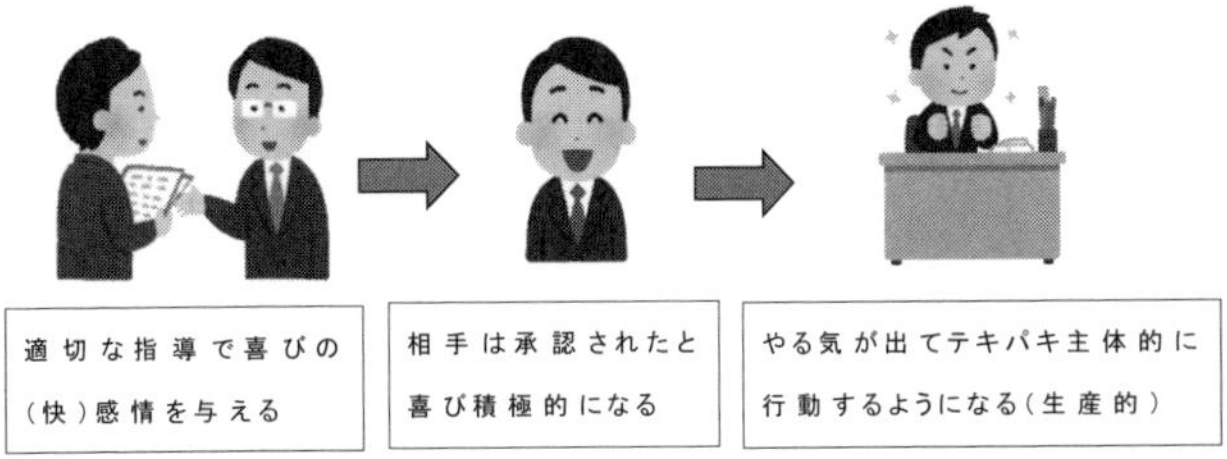
適切な指導で喜びの
（快）感情を与える
相手は承認されたと
喜び積極的になる
やる気が出てテキパキ主体的に
行動するようになる（生産的）

これは相手の脳内に「不快」感情が生まれてしまっているからです。

また、自分のことを褒めてくれ、認めてくれる人のことを嫌いになるでしょうか？　むしろ好きな存在になるはずです。好きな人のためにどんな行動もできてしまえる心理も、こういったわけだからです。

乱暴ですが簡単に言うと、【相手の好きな人になる】ということです。

扁桃体を「快」感情に変えるには、あなたの存在が相手にとって好きな存在である、ということはかなり大事です。

なぜなら、好きな人のことは何でも聞けてしまうけれど、嫌いな人の話はたとえ正論だったとしても、受け入れがたいものになるからです。

これが扁桃体の「快」「不快」感情の行動に及ぼす影響です。

自分に好ましい行動をしてくれたり、言葉をかけてくれたりする人は好きな存在でしょう。

上司にとっても、後輩・部下にとっても、互いが心地よい存在になれるのです。

相手の行動を変えるのではなく、自分の関わり方で相手の感情を変えることが一番の近道だとご理解いただけたでしょうか？

では、相手の心に訴えかけ、感情を揺さぶるような働きかけがどうしたらできるのか？

本書でそのヒントを得てもらいたいと思っています。

3　好きな色はあくまでも○○○の自分

今の自分と憧れの自分

部下の能力を開花させるために、みなさんには次の5つのポイントを知っていただきました。今の自分を知る必要性は少しずつ感じてもらえているのではないかと思います。

①今の自分を知る＝自分の価値観や傾向がわかる（ステップ1）
②相手の価値観を知る＝自分と相手との違いがわかる＝（ステップ2）
③相手の喜ぶこともわかるので相手への関わりを変えることができる（ステップ3）
④相手が喜ぶ＝相手に快感情が生れる
⑤相手の好きな人になれる

では、今から具体的に「今の自分を知る」方法についてお話しします。

第4章で色と性格の関連性をスーパー戦隊シリーズの歴史からも確認いただきましたので、「性格を色に置き換えることができる」ということもご理解くださっていることでしょう。

改めて、この本では人が感覚的にわかっているものを色で見える化したもの、色と性格をミックスさせた色タイプ別コミュニケーション略して『色コミ』をベースに進めていきます。

第2章で選んでもらった好きな色は、あなたの現在の憧れを示しています。もちろん、現在の能力と近いときもありますが、数百人の方を診断してきた中でわかったことは、好きな色は「こんな自分でありたいな～」という願望や憧れが出ていました。

そのため「厳密な今の私の状況ですか？」と聞かれたら、それは「違います」とお答えします。

4　今の自分の能力ってどんなもの？　今の能力をチェック

今の自分を確認しよう

耳にタコができるくらい書いてきましたので、もう十分かもしれませんが、他者との人間関係構築にあたり1ステップは「自分を知る」ことです。

今の自分を知るのにあたり、図表11のチェックシートをご活用ください。

職場での自分、仕事をしているときの自分に当てはまるものにチェックをつけていきましょう。当てはまればチェックを、当てはまらなければ空欄で悩んだときも、空欄で回答してください。

じっくり考えたい、という方もいらっしゃいますが、コツは直感で答えることです。深く考えれば考えるほど、自分がわからなくなります（笑）。

また、人間は色んな顔を持っています。

職場での自分。家庭での自分。同級生といるときの自分。同じ趣味の仲間といるときの自分。意識しているか無意識なのかは、人によって様々でしょうが、人間は周りの人や環境に合わせ見せる顔や振る舞いが変わります。それは「人間は環境に左右される生き物だから」です。

例えば、職場では偉そうにしている人も、家に戻ると大人しく奥さんの言いなり、ということはよく聞かれることです。

つまり、周りの人とのバランスによって、自分を変えているのです。

だからこそ、職場での、仕事のときの自分モードで回答ください。

そして大前提として、これはあくまでも「今の傾向」です。

血液型占いや四柱推命などとは違って、立場・状況・周りの人・環境が変われば結果も変わります。

あくまでも現在のあなたです。それを踏まえた上で回答をしていってください。

【図表 11　色コミレンジャー　チェックリスト】

【色コミレンジャー　チェックリスト】　あなたは一体何色レンジャー？！

Q　仕事の時の自分に当てはまるものに☑をつけてください

No		☑	
1	自分には関係ない職場での喧嘩も落ち着かない気分になる		
2	一人でいるよりも、誰かと一緒に過ごす方が好きだ		
3	食事や飲み会に誘われると、なかなか断れないタイプである		
4	困っている人を見ると、つい声をかけてしまうタイプである		A
5	自分で決めるより、誰かに決めてもらえる方が安心だ		No1〜6　個
6	周りの人に嫌われないように、と考えて行動することが多い		
7	人から注目されたり、期待されたりすることは気分が良い		
8	勝負ごとや競うような仕事ではつい熱くなってしまう		
9	頑張っている自分が好きである		
10	自分の意見は基本的にハッキリ言う方だ		B
11	スケジュールがいつも予定でいっぱいだ		No7〜12
12	思い立ったら即行動するタイプだ		個
13	1人の時間も苦にならない		
14	自分のペースを乱されると腹が立つ		
15	いくら仲良くても「自分は自分、他人は他人」と割り切っている部分がある		
16	どんな時もあまり感情に流されず冷静でいられる		C
17	慎重に物事を進める方である		No13〜18
18	ルールは守るためにある、と思う		個
19	近くに新しくできた店にはとりあえず早めに行ってみたい		
20	限定ものにはついつい惹かれてしまう		
21	冗談を思いつくと例え仕事中でも言わずにはいられない		
22	計画を立てることは苦手である		D
23	興味をもったことは、とにかくやってみたい		No19〜24
24	マイペースだと言われる		個
25	リスクをとるより、安全な方を選びたい		
26	疲れを感じたら、無理をしないで休養するようにしている		
27	揉めるくらいなら、自分の意見を言わない方が良いと思う		
28	急かされるのは苦手である		E
29	人に道を聞かれやすい		No25〜30
30	穏やか、と言われる		個

第6章

色タイプ別5色の性格と特徴を徹底解説

1　色タイプ点数の高いグループ

先ほどのチェックシートで得点の高いところが今のあなたの特性が強く出ているタイプです。一番点数の高いグループはどこでしたか？

Q1～6＝Aグループ
Q7～12＝Bグループ
Q13～18＝Cグループ
Q19～24＝Dグループ
Q25～30＝Eグループ

として、A～Eの各グループがこれまでお伝えしていた5色【赤・黄・緑・青・ピンク】のどの色に当てはまるか、少し考えてみてください。

初めに選んだ好きな色とは違う可能性もあるでしょう。

中には、最高点が2グループ以上あった、という方もいらっしゃるかもしれません。その場合、これからの解説を読んでもらい、どれが自分にしっくりくるかを確認してください。

また3つ以上最高点があった、という方も少数ですがいらっしゃいます。

バランスを取って、時と場合に合わせて適切な能力を発揮されている方だとも言えますし、自分の特性を大いに活かし切れていない、とも言えます。

先ほど述べておりますが、この結果はあくまでも現在の傾向です。

本来どの要素も人は皆持ち合わせています。ただ、どの要素を強く出しているかの違いです。もしくは、どの要素が今求められているのか、また得意なのか、という違いなので、「今自分は、こんな風に力を出しているんだな」と考えてもらえたらよいかと思います。

いかがでしょうか？　予想してもらったところで、答え合わせです。

色タイプの判定

Q1〜6＝Aグループ……ピンク
Q7〜12＝Bグループ……赤
Q13〜18＝Cグループ……青
Q19〜24＝Dグループ……黄
Q25〜30＝Eグループ……緑

が正解でした。

さあ、ご自身の色タイプがわかったところで、続いては各タイプの詳細を見ていきましょう。

基本的な性格や求めるものの傾向、長所と短所をまとめました。

仕事でのご自分を振り返りながら読み進めてください。

2　負けず嫌いの「赤レンジャー」：独立型

誰よりも負けず嫌いで頑張り屋！　目標達成ナンバーワン

行動力のある赤らしく、エネルギーの高い人です。

やると決めたことはとことんやる意志の強さが誰よりもあり、周りを巻き込みながら進んでいきます。若干手段にこだわらないジャイアンぶりも見せますが、達成するまでの努力は惜しまない努力家です。

決断力もあり、自分で決めたがるので「独立型」と名づけました。

基本的な性格・欲求傾向

何かを成し遂げたり、人から認められたり、自分の思いを実現したい

仕事で目標達成したい
人から褒められたい
世の中の役に立ちたい
自分の力や価値を感じたいと強く求める
頑張っている自分が好き

長所
褒められると頑張る！
勝つまで、目標達成するまでやる！
親分肌のリーダー
エネルギッシュ

短所
相手を打ち負かしてしまう
競争、議論から抜け出せない
支配的で威圧感のある印象

3　楽しさ優先！　ムードメーカー「黄レンジャー」：好奇心型

子ども心を忘れない！　妄想力ナンバーワン

黄色の好奇心を刺激するような、いつまでも子ども心を持つ天真爛漫な人です。「好奇心型」というネーミングもそのままです（笑）。

ちょっと毒づいても、なぜか許されてしまう無邪気さを併せ持っています。気が変わりやすいので、周りからはつかみどころのない人と思われる節もあります。ただ、誰よりもイメージ力に優れて、奇想天外な発想でブレイクスルーを起こしてくれる可能性もあります。

基本的な性格・欲求傾向

楽しいことを自由にしたい

好奇心を満たしたい

学習欲、遊び心が強い

新しいことをやってみたい、知りたい、学びたい

人生楽しくなければ、意味がない！

長所

新しい物、限定物好き
行動力があり、発想力もある
妄想大好き（こうなったらいいな～）

短所

落ち着きがない
適当（いい加減）と見られる
気が多い（飽き性）

4　安心、安全が第一！「緑レンジャー」：慎重型

オフィスの癒し系！　安定感ナンバーワン

緑に感じる癒しを全身から感じさせるような穏やかな人です。

基本的には感情を表に出さず、ニコニコと人の話を聞いてくれるオアシスのような存在。

ただし、よい人と見られるわりに印象に残りにくいかもしれません。

仕事もいつも快く引き受けてくれますが、実は思っていることをうまく表現できないでいることもあります。その裏には、周りとうまくやっていこうとする気持ちがあります。

「一攫千金を狙って！」というよりはコツコツ型で安定志向。

物事を慎重に進める人でもあるので「慎重型」です。

基本的な性格・欲求傾向

穏やかに平和に過ごしたい
健康で長生きしたい
安心、安定の生活を送りたい
理想や夢を追いかけるよりも、今を大事にしたい
迷惑をかけたくない

長所

節約、貯蓄を心がける
勤勉で無茶をしない
穏やかでニコニコ人の話をよく聞く

短所

心配性

計画を立て過ぎて、突発的なことに対応できない

真面目すぎてつまらない（面白味がない）

5　冷静沈着「青レンジャー」：自己確信型

冷静沈着戦略家！　頭脳明晰ナンバーワン

青のスマートさが表すように、基本的に地頭のよい賢い人が多いです。

人間関係の煩さからは距離を取りたいと思っていて、感情に流されず、いつも冷静で的確な判断ができるので、一目置かれる存在です。

ただそれが、周りからはちょっと鼻にかけているように映ったり、近寄りがたいと思われていたりするところもあるかもしれません。本当は人見知りなだけなのに、誤解されやすいのかもしれないです。

自分に自信がある人でもあるので「自己確信型」です。

基本的な性格・欲求傾向

場のルールを大事にしつつ、ある程度の制約の中で自分で決めたい（決定権のある仕事が好き）

自分は正しい（と思っている）

過去の経験から判断し、それに自信がある

周りに振り回されたくない

長所

感情に流されず冷静に判断できる

優秀な参謀役

賢い

短所

自分は自分、他人は他人

相手の立場や気持ちを無視しがち

冷淡

6　1人は嫌よ「ピンクレンジャー」：愛情型

オフィスの潤滑油！　気配りナンバーワン

ピンクが女性らしさの象徴でもあるように、母のような大らかな優しさを持っている人です。自分は関係ないちょっとした争い事にも心を傷める共感力の高い人でもあり、人のことを放っておけません。

しかし実は自分も構ってほしい思いが隠れていたりもします。基本的には優しい心の持ち主なので、この人が放つ日常のちょっとした声掛けで心温まる人が多いことでしょう。「愛情型」は優しいピンクレンジャーには相応しいネーミングです。

基本的な性格・欲求傾向

親密な人間関係をつくりたい
家族や友人、会社の人間関係などで良好な関係を保ちたい
優しくされたいし優しくしたい
人の関わりを大事にし、自分も大切に扱われたいと求める

長所

人の世話をやくのが好き

他人に気配りをする

もらい泣き（共感力）

短所

おせっかい

1人ではいられない

自己犠牲

自分を多角的に知る

タイプごとの基本的な性格や求めるものの傾向、長所と短所を確認してもらいました。今までとは違う視点で自身を見られたのではないでしょうか。また同時に、「やっぱりな」と当てはまることや「え？　そうなの？」と改めて気づかされることもあったと思います。

何度も申し上げているように、他者との関わりにおいて重要なことは、まずは自分を知ることです。自分の性質や価値観がわかると、相手との違いも明確になってきます。

第7章　人間関係の2ステップ【相手を知る】

1　相手を知る

解いてもらえないなら、相手を探ろう！

第6章ではご自身をこれまでとは違うやり方で見つめていただきました。

では、次は人間関係構築の2ステップ目です。

「相手を知る」段階です。

後輩・部下にも図表11のチェックシートを解いてもらってもよいですが、さすがに言えない方もいらっしゃるかと思いますので、様々な視点から相手を知る方法をまとめました。

関係が深まれば、是非チェックシートも解いてもらってください。

それが1つのきっかけとなり、コミュニケーションが深まることもあるのです。実はこのチェックシートは、職場でのコミュニケーションの糸口となればと意図してまとめていますので、いつかはぜひ試してみてください。

ある企業では、これらの色コミレンジャーが社内の共通言語になり「●●さん、何色レンジャー？」「私は赤レンジャーですよ」「え？　そうなの？　意外だな～」という風に会話が弾んだという事例も嬉しい声として寄せていただいております。

2　無意識の習慣（言葉、外見、持ち物等）から相手の色タイプを探ろう

話し方や持ち物は無言のメッセージ

さて、相手のタイプを知ろうとしたら、どこに現れているのか？

皆さんは自身の特徴が、どこに出ていると思いますか？

相手の特性は目に見えるサインとして、どこに出ているのでしょうか？

私は企業研修や学生指導で毎年のべ１０００人単位で多くの人に出会っているため、人を見る力はついてきたと自負しています。

実際に診断させていただいた方もよく観察すると、特徴が持ち物や話し方、口癖や態度など目に見えるところに、一定の傾向があることがわかりました。それを各色タイプ別にまとめました。相手を知る1つの参考として、読み進めていただければと思います。

その際は、ご自身を含め周りの人、後輩や部下の方々にも当てはまるのか？　と振り返りながら読んでください。

また、「ここに記載された特徴以外にも目立った共通点はないか？」と思いながら読むことで新しい発見があるかもしれません。

3　声が大きい：赤レンジャー

とにかく目立つ！　赤レンジャー

赤レンジャーはとにかく声が大きい。目立ちたがりなのもあり、どこにいてもわかりやすく目立ちます。

堂々としていて、人をじっと見る目に力があり、中には目力が強すぎて怖いと思われる人もいます。ジェスチャーが大きく、オーバーリアクションで人の話を聞いたり、自分も話をしたりするタイプです。話を盛りがちな傾向がありますので、誇張するタイプは赤レンジャーの可能性大かもしれません。

持っているものも、派手なものや目立つものが多く、有名ブランドの新作なんかもたまらなく好きな人が多いです。

常にスケジュールが予定でいっぱいで、じっとすることが苦手、動き回っている人も多いです。

主語が「私は」が多い話し方をする傾向も見られます。

「します」「やります」「すぐに」「急ぎで」「忙しい」とよく言い、成果重視、結果重視の人です。

4　机の上には書類の山：黄レンジャー

黄レンジャーの一番の特徴は、人と違う独特な空気感。一言で言うと、「変わっている」人です。

「それ、どこで買いました?」というような一般ではなかなか手に入られない個性溢れる物を持っている人が多いです。

冗談炸裂！　黄レンジャー

のんびり屋で時間に追われることもなく過ごしているタイプで、（遅刻も悪いと思っていないこともあり）ある意味マイペースだな、と思われやすいかもしれません。

多くの黄レンジャーは、デスクの上が書類の山。「片づけたら?」と言われても、「私はどこに何があるか、わかっていますから～」という返事でスルリと抜けるタイプです。

冗談も多く笑いが絶えない人で、楽しそうに話をします。また、話をしていると擬音語・擬態語が多いです。

ただ、話の内容がよく飛びますので、「今、どの話?」と確認しなくてはついていけないこともあります。

悪気なく、言うことがコロコロ変わっているので、周りはびっくりすることがあるかもしれません。

「面白そう」「楽しそう」をよく言い、結果よりもプロセス重視。そこに楽しさや面白さがあるかを常に考える人です。

5　老舗の定番物：緑レンジャー

急ぎません！　緑レンジャー

緑レンジャーは、とにかく「いい人」です。

職場でも1人は絶対、いらっしゃるでしょう？　その人です。

感情に振り回されず常に中立の立場で、物事を見るタイプで人の話をニコニコしながらよく聞いてくれます。

決して、流行りに乗ることもなく、物を大事に丁寧に使います。年季の入った名刺入れやカバンを持っていたら、その人は間違いなく緑レンジャー。

修理に出しても使います。愛着が湧くのでしょう。そのため、修理がお願いできるお店で買います。老舗ブランドはそのために選んでいるわけです。ブランド品を持つ赤レンジャーとの違いはここです。目的が違うのです。

１日の予定を決め、コツコツとその予定をこなしていくので〆切も守ります。余裕を持った行動を取れる人です。緑レンジャーが慌てふためくなんて、あまり見かけません。ただ周りの影響で急かされることはありません。

「ちゃんと」「そうですね」「わかりました（かしこまりました）」が口癖で、とても素直に人の話を受け入れてくれるタイプです。

6　マニュアル通りに正確に：青レンジャー

絶対正しい！　青レンジャー

青レンジャーは、賢い人が多いです。地頭がよい、というのでしょうか。

合理的に考え、論理立てて伝えることができる人です。

このタイプは、机の上もとても綺麗に整理されていて、書類の角も揃えて並べているくらい潔癖な人も多いです。ファイルのラベルが統一されているとか、書類のホチキス留の位置がピタリと同じとか、そんな人は間違いなく青レンジャーでしょう。

じっくり考えてコメントするので、腕を組みながら話を聞く姿もよく見られます。

表情は硬くちょっと怖そうに思われますが、感情表現が苦手なだけです。ぱっと見、とても真面目そうな人が多いです。

自分に厳しく、結果を出そうと努力する人です。また相手にもそれを求めることがあります。

青レンジャーが言うことは色々調べた上でのコメントなので、確実なものが多く信頼される人でもあります。

物を購入する際は、コスパ重視で選びます。「スペックが……」と気にするのは青レンジャーに多いです。

「正しく」「正確に」「すべき」という言葉が多く、結果に至るまでのプロセスを計算しながら進めていけるタイプです。

7　大丈夫？：ピンクレンジャー

人目を気にしすぎる！　ピンクレンジャー

ピンクレンジャーは人の変化によく気づきます。それだけ普段から人を見ています。

人に興味を持つのは、それだけ人との関係を大事にしているから。

この人はコーヒーにミルクと砂糖2個で、あの人はブラック派、なんて覚えていてくれるのもピンクレンジャーならではです。

優しくて気遣いができるタイプは、ピンクレンジャーの可能性が高いでしょう。

お話好きで、何時間でも喋っていられるタイプです。職場でも業務以外の話に花を咲かせているかもしれません。

女性だったら何歳であってもキュートで若々しく見え、男性でもどこかに可愛さがあって、年齢よりも若く見える人が多いです。

自分で決められず、決断力はないものの、人に合わせることができる柔軟性もあります。

意外とキャラクター物を集めていたり、持っていたりするタイプです。

「皆で」「大丈夫？」「ありがとう」という言葉をよく使い、人当たりソフトなタイプです。

特徴を掴もうと観察した結果、得られるものは

こうやって見ていくと、職場の後輩・部下の言動に注目するようになってくるのではないでしょうか？

「●●さんは、どれに当てはまるかな？」

「●●君、あれ？　どっちにも当てはまるぞ!?」

なんて、後輩・部下のことが気になって仕方ない状態になるかもしれません。

これほどまでに、相手のことを知ろうと観察したことはあったでしょうか？

こんなに言動に注目したことは、あったでしょうか？

どちらかというと、結果や報告の内容ばかりに気が向いていませんでしたか？

「相手を知る」というのは「相手のことを知ろうと観察すること」でもあります。

すると、それまで見えていなかった、相手のよさに気づくこともできるのです。

相手の発揮できていなかった能力に気づくことだってできるのです。

相手の能力を職場や業務で活かしきれていなかったとすると、それは上司であるあなたの責任でもあるはずです。

そんな人間関係の本質がわかれば、この色コミ診断なんてものも、本当は必要ないのかもしれません。

もっとも、色コミ診断は相手を知るきっかけにもなるだけではなく、より深く理解することにも役立ちます。

「●●君は、これにぴったり当てはまっているな」なんてわかってきたらしめたもの！

人を観る目が培われ始めた証でしょう。

どう接していけばよいか、次の第8章で詳しく述べていきます。

第８章

人間関係の３ステップ【関わり方を変える】

1　タイプ別の関わり方

相手の快感情をスイッチオン！

では、この章では色タイプ別の関わり方をお伝えします。

人間関係構築の3ステップ目でもある「関わり方を変える」ヒントです。

なぜ「関わり方を変える」必要があるのか？　その理由については、第5章で述べましたが、思い出してください。

相手の感情を「快」にするのがポイントでした。

相手にいつも怒鳴ってばかり、無視したり相手が望まない言葉をかけたりして「不快」感情を刺激していては逆効果です。

そんなことをしてしまったら、相手にとってあなたは嫌で鬱陶しい存在以外、何者でもないわけです。

そうではなく、あなたのことを「認めているんだよ」「感謝しているのよ」などの意思表示をし、相手の脳内に「快」感情を発生させる必要があるわけです。

そう！　そのことで**【相手の好きな人になる】**ことが大事でしたね？

人は認められたい生き物

人は誰しも「認められたい」という欲求を持っています。

アメリカの心理学者アブラハム・マズロー氏が提唱した、自己実現論の中の「人間の欲求の5段階説」。心理学だけでなく、今や経営学やマーケティングなど幅広い分野で活用されているので、ご存知の方もいらっしゃるでしょう（図表12参照）。

第1段階：生理的欲求　生きていくために必要な、基本的・本能的な欲求
第2段階：安全欲求　安心・安全な暮らしへの欲求
第3段階：社会的欲求　（愛・所属欲求、帰属欲求）仲間が欲しい、友人や家庭、会社から受け入れられたい、集団に所属したい欲求
第4段階：承認欲求　（尊重欲求）他人から尊重されたい、認められたいと願う欲求
第5段階：自己実現欲求　自分の世界観・人生観に基づいて、「あるべき自分」になりたいと願う欲求

アブラハム・マズロー氏は「人間は自己実現に向かって、絶えず成長する生きものである」と仮定し、人間の欲求を5段階のピラミッドのような階層で示し理論化しました。人間には5段階の「欲求」があり基本的には低層階から現れ、1つ下の欲求がある程度満たされると、次の欲求が現れ、その欲求を満たそうとする行動を取っていくという考え方です。

【図表12　マズローの欲求5段階説】

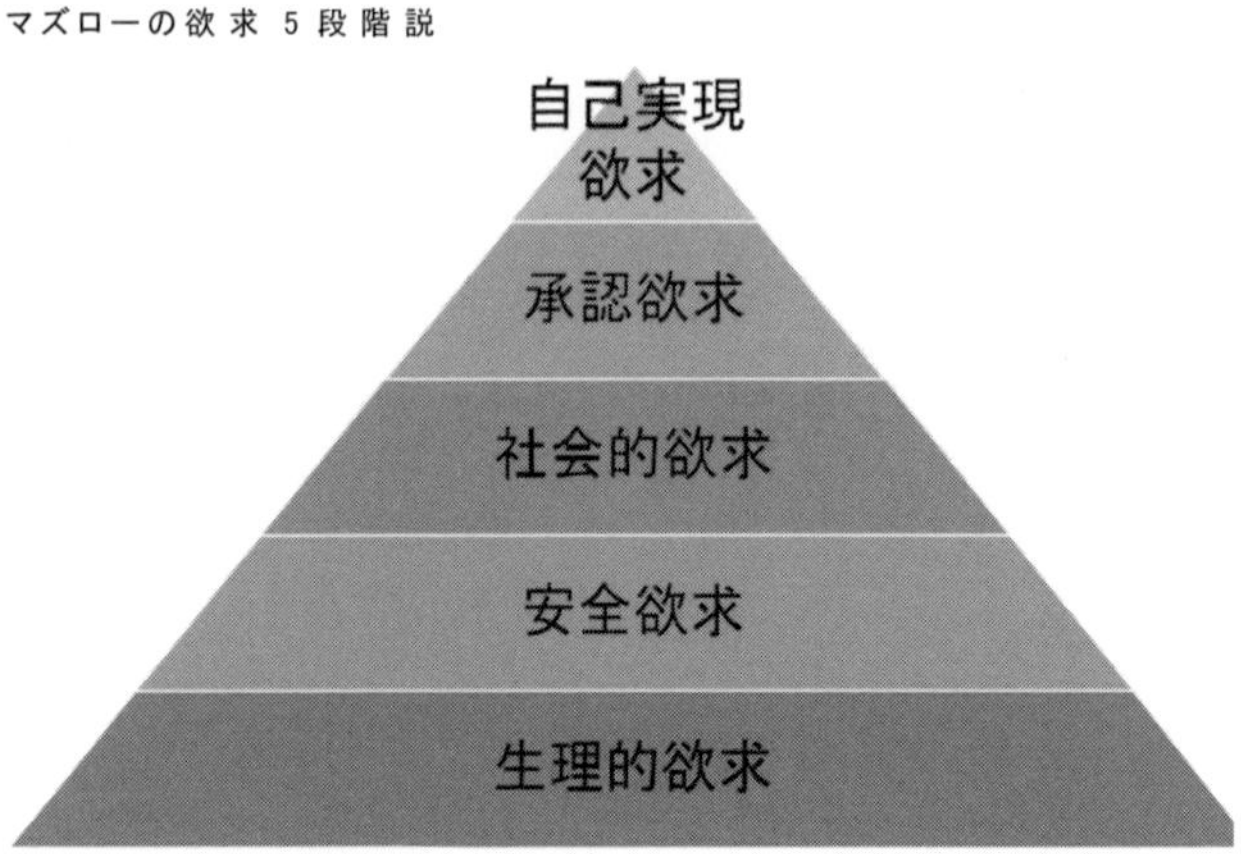

「認められたい」という欲求はこのピラミッドで見ると、第4段階の欲求に当たり、高次の欲求だと言われています。

また、これら5つの欲求を自分で満たすことができる［自己完結型］と他人に満たしてもらえる［第三者完結型］に分けると、［自己完結型］の欲求は第1段階、第2段階、第5段階の3つで、［第三者完結型］の欲求は第3段階、第4段階の2つです。

承認欲求を満たすことは、相手の高次の欲求で、且つ他者から与えられる一番レベルの高い欲求を満たすことに繋がるのです。

つまり言動で「相手を認める」という行為は、相手の高いレベルの欲求を満たし、「快」感情を刺激することになるわけです。

承認欲求を満たしてくれる人のことを嫌

いになることはありません。

だからこそ、相手にとっての心地よい働きかけを知って、「快」感情を刺激し、好きな人になってもらいたいのです。

関わり方＝働きかけで職場が変わる

さらに言うと、こういった人が溢れた職場ってどんなイメージでしょうか。

人をけなしたり、ののしりあったり、隠し事をしたりするような職場ではないでしょう。きっと、互いに刺激し合い、認め合い、応援し合える職場になっているのではないでしょうか。前者と後者、どちらで働きたいか。聞くまでもないでしょう。

第1章で述べた、組織の成功循環モデルの「グッドサイクル」になっていることにお気づきでしょうか。

相手への関わり方、つまり働きかけを変えることで、業務もスムーズに進みますし、職場環境がよくなります。結果を出せる組織に変わります！

さあ、では具体的に各色タイプの関わり方を見ていきましょう。

ちなみに、これらは各タイプの人から長年にかけて聞いてきた生の声なので、説得力があると思われます。

2　色タイプ別ハタラキカケ方改革──心をくすぐる言葉・心を折る態度

相手のやる気スイッチはどこ？

各タイプの関わり方を説明する前に、前提として自分と相手は違う生き物、ということを改めてご確認ください。

つまりどういうことか？

自分がされて嬉しいこと、かけられて嬉しい言葉が、必ずしも相手も同じように喜びに感じたり、モチベーションが上がったりしているわけではないということです。

第1章で述べたように、世代によっても働く目的や求めるものが違いました。同世代であっても、「仕事の結果がすべてだ！」と燃える人もいれば、「とにかく人とうまくやっていけたらいい」と思う人もいるわけです。

きっとこうすれば相手は喜ぶだろう、と思った行動も、むしろ相手には逆効果でやる気を削いでいるかもしれません。

自分がされて嬉しいことはあなただけのルールです。特にタイプが異なる相手には通用しないかもしれないことをご理解いただき、これから読み進めてください。

タイプによって、ＯＫ対応（言動）とＮＧ対応（言動）をまとめましたので、「普段自分は地雷踏んでいないかな？」と振り返ると同時に、自分のタイプも「これをされると嬉しいな」とか「嫌だなぁ」等をご確認ください。

3　負けず嫌いの「赤レンジャー」はノセてのせて乗せまくろう！

決めさせてあげて。独立型：赤レンジャー

５タイプの中で、一番行動力があり、結果にコミットできる独立型の赤レンジャーは、目立ちたがり屋でもありました。決断力もあり、常に戦い続ける戦士でもあります。

そのため赤レンジャーには、「全部任せて決めてもらうこと・決めさせてあげること」が大事です。責任感も強いので頼られるのも好きです。

競争相手や対象がいると、俄然やる気が出るので、競争心を煽ることも効果を発揮します。また少々高い目標のほうが燃えるので、目標を高く掲げてあげるのも◎。そのチャレンジは短期で結果が出るものがおすすめです。

そして、結果が出たら花を持たせてあげましょう。そうやってスポットライトを浴びせてくれる人のことが好きになります。

褒められるのも好きですが、できて当然と思っているところはあります。

ただノセられるのも嫌いではないので、いい気分になってやってくれるでしょう。

赤レンジャーをくすぐる言葉

「（結果に対して）さすが！」

「（チャレンジ前に」期待しているよ）

「テキパキこなすね」

「あなただからやってほしい」

「困難だけれど、あなたならできると思う」

承認ポイント

達成した結果

適した役割

チームリーダー
インセンティブの営業

困難だと思われるプロジェクトのメンバー

相手をその気にさせるコツ（営業などの場合）

効果（いかに効率よく結果が出るか）をアピール
有名ブランドであること
お得感やステータス感に訴求
今が決め時！　と今決断してもらう

4　負けず嫌いの「赤レンジャー」に『命令』は禁物

ないがしろはもってのほか！　独立型：赤レンジャー

赤レンジャーに対するＮＧ対応は、先ほどの逆です。

決めつける・命令されると、一気にやる気をなくします。「自分じゃなくてもいいや〜」となるからです。ましてや、ないがしろにするなんてもってのほかです。

自分がやらねばと思っているので、理屈ばかりで説明されても、心が乗らずやりません。あなただから、と感情に訴えかける必要があるのです。

スピード感を大事にするので、遅い対応や後回しにされるのも嫌います。

結論が見えない長い話も嫌いで、途中で話を切ったり、つまりどういうことだと苛立ちを示したりします。

単純作業を依頼されると、自分で考えることもないのでやる気も出ません。

おそらくテレワークには一番向いていないタイプです（笑）。

赤レンジャーを萎えさえる言葉

「誰でもいいのですが」

「独りよがりですよ」

「誰もついてきていませんよ」

「○○さんには、ついていけません」

5 楽しさ優先！ ムードメーカー「黄レンジャー」には『それ、面白いっ!!』

妄想力を大いに引き出そう！ 好奇心型：黄レンジャー

5タイプの中で、一番好奇心があり面白さ、楽しさを常に探求している好奇心型の黄レンジャーは、フットワークが軽いので赤レンジャーに次ぐチャレンジ精神を持っています。ただ結果が出るかは別の話です（笑）。

そんな黄レンジャーには、新規案件など創意工夫が必要なものをお願いすると喜んでやってくれるでしょう。レクリエーション企画や遊び要素のある提案なども、率先して取り組んでくれます。出してくれた提案は、奇想天外であっても、まずは「それ、面白いね」と肯定的に受け止ることが大事です。

想像力あるいは妄想力を大いに広げ、自分で色々と考えたいので、とにかく自由にさせてあげることがポイントです。

陽気で一緒にいると楽しい人なので、色んな人と関わり交友関係を築くのも得意で、老若男女に好かれるタイプのため、部署間を超えた橋渡しや会社間を超えた交渉も黄レンジャーがいることでまとまりやすくなります。

またお話好きなので、「それで？　それで？」と話を聞いてくれる人は好きになります。得意なことを褒められるのは嬉しいです。褒められると、「まぁね～」と調子に乗りやすく、どんどんと動いてくれるでしょう。

ご褒美作戦も有効で、「これが達成できたら皆で打ち上げしよう（楽しいこと）！」というとやる気になってくれます。

黄レンジャーをくすぐる言葉

「それ、面白いね！」

「楽しくて元気がもらえるわ」

「変わってるよね」（「変わっている」が黄レンジャーには褒め言葉です）

「センスがあるね」

「そんなの、考えたこともないわ」

承認ポイント

存在（他にない）

行動（考えること・発想力）

適した役割

インストラクター

交渉

企画

宴会部長

相手をその気にさせるコツ（営業などの場合）

デザイン性やセンス、他にはない新しさ、斬新さ

○○初（例：関西初上陸）

1点ものをアピール

直感で選ぶことが多いので、理屈っぽい説明は不要

6 楽しさ優先！ ムードメーカー「黄レンジャー」には束縛禁止令

束縛なんて絶対禁止!! 好奇心型：黄レンジャー

自由な黄レンジャーに対するNG対応は、端的に言うと束縛です。こうしろ、ああしろという細かな指示は嫌います。自由に自分で考えてしたい気持ちを折ることになるからです。

また感覚派で感情重視なので、真面目すぎる態度で接することも距離感を感じさせますし、堅苦しい理論的な話をしても全く響きません。

落ち着きなく動くことが好きなので、じっと座らせた細かな作業は1日も持たないでしょう。また人と関わるのが好きでお喋りなので、話をさせてもらえないとなると、どんど

んと気が滅入っていきます。

人との関わりがないテレワークは向いていないでしょう。もしそうなったらどんなことをしているかわかりにくいので、日報ではなく週報などが必要かもしれません。

思いつくとすぐに行動するタイプなので、行動しない人から注意されたり止められたりすることも、大変嫌います。

黄レンジャーを萎えさえる言葉

「面白くない」

「よくあるよね（よく聞くよね）」

「じっとしたら？」

「黙っていて」

7 安心、安全が第一！「緑レンジャー」には『安心感』をそっとプレゼント

予定通りに進めてください！ 慎重型：緑レンジャー

5タイプの中で、一番穏やかで調和を重視する慎重型の緑レンジャーがいるだけで、そ

の場の空気が柔らかくなります。

「今この場でどう振る舞うかがよいか」を察知できる人で、基本的に自分の主張をあまり表に出しません。そのため、職場では何でも言うことを聞いてくれる人です。ただそれをすべて好んでしているわけではないので、たまにはストレスが溜まっていないか聞いてあげてください。このときも1対1のほうがよいです。なかなか本音を出さないタイプですので、相手の話を聞いてあげて、じっくりと関係性を築くことをおすすめします。

また予定を立てて、〆切に必ず間に合うように、コツコツ進めていくタイプです。仕事の依頼の際も余裕を持ったスケジュールでお願いしましょう。

予定で言うと、他の人が計画通りに動いてくれるのも嬉しいようです。規則性を大事にする緑レンジャーならではの意見です。

逆に言うと、スケジュールをしっかり守ってくれる人は緑レンジャーにとっては、好きな存在になりやすいわけです。テレワークでも問題なく、業務を遂行してくれる安心できるタイプです。

自分に対する自信も低く、褒められると疑うタイプのようです。大げさに褒める必要もなく、どんなところがよい、など具体的に褒めることをおすすめします。

調整役でもあるので、両者の間に入って助けて、というのも快く引き受けてくれます。役に立っている、という喜びを感じるようです。

緑レンジャーをくすぐる言葉

「○○さんには癒されるわ」
「○○さんといると安心する、落ち着くわ」
「助かります」
「○○さんの話も聞かせて」
「いつもきちんとしている、してくれているね」

承認ポイント

存在（いるだけでよい）
行動（コツコツする）

適した役割

経理事務

調整役
カウンセラー

相手をその気にさせるコツ（営業などの場合）

長持ちする耐久性、保証力を説明
メンテナンスのしやすさ
じっくり考えて、人の意見も聞いて結論を出してもらう
「今決めなくてもいいので、家族と相談して次回またお越しください」と丁寧に応対する
安心の有名老舗ブランドであること
安全性も高い

8　安心、安全が第一！「緑レンジャー」は急かせないで

急かせるなんてやめてください!!　慎重型：緑レンジャー

真面目で慎重な緑レンジャーに対する一番のＮＧ対応は、急かせることです。
自分で計画を立て進めている業務の予定を崩されて、慌ててしまい通常のパフォーマン

スができなくなってしまいます。そのことで自己嫌悪に陥ってしまうこともあるので、急なお願いは控えてください。

ただ、仕事なので突発的な案件もあるでしょう。その場合は、理由や経緯を説明し丁寧にお願いし、してもらったら御礼も必ず、いつも以上に丁寧に伝えてください。

優等生タイプで基本的には嫌だと思っていても、それを我慢して受けてくれますが、やることが当たり前に思われると、不満となり少しずつたまっていきます。

表には出さないものの、心の中ではあなたのことを優先順位の低い人にカテゴライズしてしまう可能性もあり、そうなると印象を覆すことは難しくなりますので、日々のやり取りの中で気をつけるようにしていきましょう。

緑レンジャーを萎えさえる言葉

「真面目過ぎて面白みがない」
「いなくてもいいよ」
「独自性がない」
「今すぐして」
「テキトーでいいから」

9　冷静沈着「青レンジャー」には『やっぱり任せてよかった』

意外と褒めて欲しい！　自己確信型：青レンジャー

5タイプの中で、一番冷静で的確な判断ができる自己確信型の青レンジャー。自他共に認める、いつもクールで頼れる存在です。

自分は正しい、間違っていないと思っている青レンジャーは、間違ったことを安易に発言するタイプではないので、発言内容にも重みがあります。だからこそ、青レンジャーの正しさや正当性を評価してあげてください。

努力家で能力も高く専門性を磨いている人も多いので、そこは褒めポイントになります。かと言って、大げさに褒められると却って白けるようなので、評価の際も過大に誇張せず、論理的に褒めましょう。

具体的によい部分となぜよいと判断したのか、理由を添えて伝えることです。

確実に結果を出すタイプなので、これまでの経験や実績を聞いてあげると、控え目ながらも自慢気に話してくれるでしょう。こんなとき実はすごく喜んでいます。

過去の事例やデータなどから、自分で色々と考え判断したいタイプでもあります。信じていると伝えて、大枠だけを提示しましょう。あとの決定権は委ねたほうが「任されている」という責任感に溢れて行動してくれます。
テレワークをしても、計画を立て確実にこなすタイプです。

青レンジャーをくすぐる言葉

「やっぱり○○さんは頼りになる（任せてよかった）」
「的確ですね」
「専門的」
「洞察力がある」
「○○さんの意見は間違いないですね」

承認ポイント

正しい結果（予定通り、期待通り）

適した役割

調査・分析・研究

秘書
法務

相手をその気にさせるコツ（営業などの場合）
機能性をアピールする
じっくり話を聞き、検討してもらう（持ち帰り検討）
比較してもらう
他での事例なども紹介
サンプルやデータ、統計などを示す

10　冷静沈着「青レンジャー」に『疑う』なんてご法度

疑うなんてご法度!!　自己確信型：青レンジャー

確実に結果を出し、自信を持っている青レンジャーに対し、疑うことは一番のＮＧ対応です。思いつきで行動することは少なく、事前に調査し想定されるあらゆるリスクを考慮してベストな選択をするタイプです。ちゃんと調べることもなく否定されたり、疑われたりすると、一気に気分を害してしまいます。反論するのであれば、理由や根拠を添えることが必須です。

現実派でもあるので、理想論ばかりで話をされる人に対しても嫌悪感を抱きます。論理的に話をしない人も好きではありませんので、ご注意ください。

また丸投げ依頼も嫌います。ある程度の決裁権は欲しいものの、ルールが必要なので範囲が明確である、など制限を設けることが大事です。

失敗をしたくない気持ちが強いので、現実的に厳しいと思われる内容の依頼も青のプライドが許しませんので断ります。そのような場合は、どのような理由があり、依頼するのか、なぜあなたでなければいけないのか、を説明することです。可能性は低いですが、もしかしたら受けてくれるかもしれません。

青レンジャーを萎えさえる言葉

「考えすぎですよ」
「意外と役に立たない」
「(他の人)と比べてできない」
「それ、本当ですか?」(疑う)

11　1人は嫌よ「ピンクレンジャー」には『ありがとう感謝祭』

いつもありがとう！　愛情型：ピンクレンジャー

５タイプの中で、一番優しく人を思う気持ちが強い愛情型のピンクレンジャーには、普段からの関わりが非常に大事です。業務には関係ないと思われる日常会話から関係が構築されるタイプです。話題も今注目のスポットやスイーツ、美容などＴＶや雑誌で取り上げられているもので結構です。芸能人ネタが好きな人も多いので、話題には困らないでしょう。

感情的でもあるので、寄り添って話をしっかり聴いてあげてください。聴いてもらえた、という心の安心感でピンクレンジャーにとっては、いい人・好きな人になりやすいのです。また、口調も穏やかで、優しく接すると、ピンクレンジャーの大好きな人になれます。

仕事の結果を追い求める赤レンジャーや青レンジャーから見ると、物足りなさを感じるかもしれません。しかし、ピンクレンジャーの細やかな気配りや心遣いは抜群で細かなサポートをお願いすると、喜んでやってくれます。

こういう細やかな配慮は意外と見落としがちなので、意識して感謝を伝えるようにしてください。褒められると謙遜するタイプです。

結果を出す、というよりはその結果をサポートする役割なので、感謝を伝えるほうがよりよい関わり方です。

また、人と関わることが好きなので、新しいことなど一緒にしてあげる、というのも1つの方法です。また一緒にできない場合でも業務を依頼したら、細かに進捗確認をし、1人ではないんだ、と感じさせてあげましょう。気にされている、と感じられることがピンクレンジャーにとっては、喜びでもあります。

ピンクレンジャーをくすぐる言葉

「いつもありがとう」（普段からあなたの配慮に気づいてますよ）
「嬉しい」
「細かい気配りに感謝しています」
「優しいね」
「よく気がつくね」

承認ポイント

存在（気遣いできる）

適した役割

サポート・フォロー

総務事務

お世話役（メンターなど）

相手をその気にさせるコツ（営業などの場合）

流行っています（人気のアイテム、芸能人が使っている）

寄り添って話を聴く（悩んでいることなども）

１人では決められないので、決裁者を見つける

日常会話から始める

12　１人は嫌よ「ピンクレンジャー」は放置プレイで絶縁に

愛情が憎悪に変わると恐ろしい！　愛情型：ピンクレンジャー

優しいタイプのピンクレンジャーなので、相手にもその優しさを求めます。そのため厳しい口調で言われたり、責められたりすると、一気に心の扉を閉ざします。

日頃の関わりから相手と関係性を築くタイプでもあるので、ビジネスオンリーの会話や関わりしかないと、距離は遠いままです。同様に、無視することやほったらかしにすることもNGです。テレワークで一番ケアすべきタイプです。

やっている行動は目立つものではないことも多いので、ついつい当たり前になりがちですが、そうすると拗ねますので注意が必要です。根に持つ人も多いので、何かにつけて陰で言っていることもあるので、益々気をつけましょう。

好き嫌いがわかりやすく、一度好きな人になると力を貸してくれますが、嫌いな人になってしまうと足元をすくわれることもあるので、お気をつけください。

面と向かって言えない分、陰口やネットへの書き込みもするタイプです。敵に回すには危険すぎます。

ピンクレンジャーを萎えさえる言葉

「お節介だ」

「邪魔だ」

「(気持ちが) 重い、それ」

「必要ないよ」

人が違えば関わり方も違う

各タイプの特徴も含めながらＯＫとＮＧ対応について、特に大事なポイントを説明しました。身近な人に置き換えて読み進めると、わかりやすいのではないかなと思います。もちろん、これがすべてではありませんが、一気に全部ができるわけではないと思いますが、注意するポイントがわかるだけで、関わり方を少しずつ変えられるのではないでしょうか？

おすすめは誰か1人に対象を絞って、その人の対応強化月間を設けてみることです。その人への接し方を徹底的に変えていくことで、変化が体感しやすくなります。すると自信も持てますので、そこから他のタイプへも広げてみる、という流れです。

これまで行ってきた関わりを急に変えようと思っても、ご自身も苦しいだけなので、あまり欲張らず確実に進めてください。

うまくできるようになると、本書にないコツも掴めてくると思います。その際は、嬉しい実践結果として報告いただければ、私も多くの方に共有でき、喜びがどんどん広がっていくと思っていますので、ご協力よろしくお願いします。こうして、互いに情報を共有し合って、全国で後輩・部下の育成にお困りの方を助けられれば何よりも嬉しいです。

その結果、仕事を辞める人も減り、育成に悩む人も減り、仕事を楽しめる人が増えてくるのではないかと期待しています。

喜びの声

実際にこの『色コミ』の診断を受けられた方、受講された方の声や実践した結果の体験をご紹介します。

・日々のコミュニケーションと観察が必要だと感じた（40代男性）。

・人を変えるのではなく、自分の接し方を相手基準で変えることが大事だと気づけた（30代女性）。

・自分のタイプを可視化することで、他のタイプとの違いも知れた。特に私はピンクレンジャーなので、人間関係を重視することも納得でした（20代女性）。

・緑レンジャー男子の部下の関わりがわかった。なぜ彼が動かないのかも理解できてこれから指導を変えようと思う（40代女性）。

・自分は赤レンジャーで、指導に悩んでいるピンクレンジャーの部下に頻繁に声をかけるようになったら、態度が変わって笑顔で業務に取り組んでくれるようになった（50代女性）。

・黄レンジャーの自分のことがとてもおかしかった。みんなと違うってことに自信を持てるようになった（30代男性）

・青レンジャーの私には少し腹立たしいこともありましたが、それでも納得でした。お互いに理解し合えたら、もっと楽に仕事ができそうですね（40代男性）。

第9章　色彩タイプ別関わり方事例紹介

各タイプへの関わり方事例

5タイプそれぞれの関わり方OKとNGをご紹介し、イメージもどんどん膨らんできたことかと思います。

この章では実際の関わり事例をご紹介します。年齢も性別も職業も様々な人ですので、皆さんの身近な人を思い浮かべながら、読み進めていただいても結構です。

1 負けず嫌いの「赤レンジャー」：独立型の事例

赤レンジャーには「賞賛＋提案」で決めてもらう

50代男性営業マンのOさん。猪突猛進、という言葉通りの人で、何でも積極的に取り組むタイプ。行動量が多いので、たしかに結果は出すものの、そのスピード感とやり方に周りが若干ついていけず、疲弊している様子も伺える状況でした。

赤レンジャーには命令はNGです。そのため、「こうしなさい」は伝わりませんし、逆効果。気分を害して単独行動を加速させるか、関わらなくなってしまいます。

そこでOさんに、まず普段の行動力や周りを巻き込むエネルギーの高さを評価し伝えました。その上で周りが困っている様子だと現状を伝えました。

「あなたの行動が早く臨機応変に対応ができることは、やっぱりすごい！　Oさんの能力の高さを感じるわ。さすがだね。ただ、1つだけ困ったことがあって、周りがOさんの早さについていけてないみたい。チームでこれをしているから、後輩のAさんを育てたほうがOさんも動きやすくなるでしょ？　Oさんの好きな業務に専念するためにも、Aさんを育てようよ。だから、ちょっとやり方変えてみない？」と提案する形でお願いしてみたのです。

すると「そうやな。わかった。次からは〜するわ」とすんなりと受け入れてくれ、行動改善をしてくれたのでした。

関わったこちらも赤レンジャーだったので、互いに一目置き合っている関係である、という前提も大事だったかもしれませんが、赤レンジャーは自分で決めたい人です。だからこそ、こうしてああしてなどの細かな指示をするのではなく、「提案型にして相手に決めてもらう」という関わりは非常に重要になってきます。

その際には必ず端的に理由も添えるようにしてください。そして提案の前に、今できていることや結果を評価することも忘れないようにしてください。

また、改善してくれたときには「さすがOさんね。やはり変化も早いわね」と称賛することも押さえておくと、よりよいでしょう。

2　楽しさ優先！　ムードメーカー「黄レンジャー」：好奇心型の事例

黄レンジャーには「枠を決めて自由をあげる」

40代女性のファッションスタイリストEさん。余談ですが、Eさんに関わらず、黄レンジャーの方は個人でお仕事をされている方が多いように感じます。

黄レンジャーは楽しさ重視、いつも面白いことを探し、妄想しながらワクワクできる人です。そのため束縛はNGでした。

Eさんもご多分に漏れず、典型的な黄レンジャー。

打合せをしても、話が途中で飛んで時間内にまとまらないことは、日常茶飯事です。ただ、一緒にいると楽しくてこちらまで笑いが止まらないですし、おかげで色んなアイデアが湧いてきて、新商品が生まれたり、新しい企画ができたり、ということもあるのです。

そんなEさんとの打合せは、スタート前から勝負です。今日の予定を伝えておき、打合せ時間の終わりを確認します。また打合せで何を決めたいのか、どこまで決まれば理想なのか、ゴールや目的を共有しておきます（できれば明文化して、互いに一目で確認できる場所に貼っておくなどがよいです）。

この打合せスタート時点での共有のおかげで、打合せも進めやすくなります。共通認識を持てるようになり、話が逸れても戻しやすくなるのです。黄レンジャーとの打合せは時間が長引き、結局何も決まらなかったことが多いのですが、この準備をするだけで無駄な打合せだったかも、というストレスから解放されます。

特にアイデア出しなどのブレストでは、黄レンジャーは大いに活躍してくれるので、そういった場では黄レンジャーの妄想を広げてもらってください。

打合せ後の各自課題についても、「Eさん、○○について一度考えてみてくれる？　必須項目はこれなので……、いついつまでにお願いできるかしら？」と必要項目は先にこちらから提示して、中身は自由に考えてもらうスタイルでお願いしました。

丸投げだと、こちらが欲しいものが抜けていたり、押さえるべき点が欠けていたりすることもあるので、「必須項目はこれ！」と予め提示して「中身に関してはご自由に」だと双方にストレスがなく進められます。一方、細かい決め事をしてしまうと、想像力を必要とされていなく感じ、ワクワクしないのでやらなくなります。ご注意ください。

Eさん自身、この色コミで「自分の弱点も把握していて、改善していかなければいけない」と思ってくれていることもあるので、関わりやすいこともありますが、黄レンジャーが欲する自由を大きな枠つきで与えてあげてください。

3　安心、安全が第一！「緑レンジャー」：慎重型の事例

緑レンジャーには「丁寧に説明し確認をする」

40代女性の会社員Mさん。緑レンジャーの特徴であるように、コツコツタイプの真面目な人です。

丁寧に確実に仕上げてくれるので任せて安心のMさんですが、自分の予定通りに仕事を進めたい、人も同じように動いてほしい、という思いが強いようで、もどかしい思いをすることもしばしばです。真面目なだけに、生き辛さを感じやすいタイプかもしれません。

さて、そんなMさんに仕事を頼むときは、いつもMさんの予定を先に確認します。そしてお願いしたい内容が、今できそうかを確認してから依頼。もしくは「Mさん、私はこれを依頼したいけれど、時間ある？　できそう？」と一方的にならないように聞きます。そうすると、Mさんは自分の予定を計算しながら「はい、いつまでにならできますが、よろしいですか？」と返答してくれます。

ある意味スケジュール調整をしてもらうような依頼の仕方です。もし、どうしても急ぐ

場合は「Mさん。これ急で申し訳ないんだけれど、いつまでにしてほしいのだけど、いい？」と謝罪をした上で依頼します。その際も押しつけではなく、確認する形で。もちろん、仕上げてくれたときには「ありがとう！　本当に助かった～急がせてごめんね。いつも本当にありがとうね」と感謝と労いを忘れないでください。

依頼の際も、丸投げ禁止で、その使用目的や使用シーンを説明し、どこにポイントを絞ってほしい、など丁寧に細かく伝えたほうがよいでしょう。

勘がよいタイプでもあるので、一度同様の仕事を依頼していると「前回の△△と同じようなスタイルで」と言うとわかってもらえます。

先述したようにストレスを溜めやすいタイプなので、たまには時間を取って「Mさん、疲れているようだけど、どうしたの？」と話を聞いてあげることで、一層信頼関係を強くできますので、これも押さえておきましょう。

4　冷静沈着「青レンジャー」：自己確信型の事例

青レンジャーには「枠を決めて決裁権をあげる」

50代男性の会社員Kさん。ルールを守り、公平性を大事にする典型的な青レンジャータイプ。

ちょっと堅苦しいことも言う人ですが、それも青レンジャーならでは、と理解しているのでイライラも減りました（笑）。

現状維持派でもあるので、新企画や改善など物事を考えるときに、まずはリスクを考慮します。その上で、どうやって進めていくかを熟考します。

仕事の場合、「Kさん、これ進めたいのですが一度お考えをお聞かせください。一応、リスクとしては3点あって、○○○です。一方で導入の最大メリットは▼▼▼です。まとめた資料はこれですので、ご覧ください。いつまでにはお考えをお聞かせいただければ嬉しいです」と順序立てて説明し、相手の意見をうかがいます。

じっくり考えてから答えを出したいタイプなので、こちらも急かしません。答えを出すのに必要な要素をプラスもマイナスもすべて提示することがポイントです。

出してくれた意見や案はかなり内容も濃く考えられているので、質問していくとディスカッションも深まり、よいものに仕上がる可能性が高くなります。

また、新しいことに対しては否定的に捉えることもあるので、「うちとしては何とか進めていきたいと考えています。リスクを上げたうえで、うまく進めていくにはどうしたらいいか教えてもらえませんか？」と進めるためにはどうしたらいいかを尋ねる形がよいでしょう。「教えてください」も青レンジャーの嬉しい言葉の1つです。

5　1人は嫌よ「ピンクレンジャー」：愛情型の事例

ピンクレンジャーには「寄り添う」

30代女性の会社員Tさん。人のサポーターになれるピンクレンジャーならではの営業事務をしていて、毎日ニコニコ過ごすTさんはオフィスのオアシス。Tさんと話をしたくて集まってくる人もいるくらいです。優しい人柄で来る人の心を掴むのがうまいのも、ピンクレンジャーらしい部分です。

そんなTさんへは、日々のコミュニケーションが欠かせません。用がなくても来てくれることが嬉しいのです。顔を見せると「コーヒーでいい？」と聞いてくれ「今日はお茶でいいよ」と応えるとサッと出してくれるのです。変化にも敏感で「髪切った？」と人をよく観察しています。

業務の依頼も「Tさん、これお願いします」と出すと「わかりました」とスッと快く受け取ってくれます。基本的に断ることはないので、たまに「いつもありがとう」と言って出張土産などを買っていくと、とても喜んでくれるのです。こういった些細なサプライズも喜ばれるポイントです。高価すぎると恐縮してしまうので、簡単なもので結構です。

ピンクレンジャーには、日々の関わりがすべてと言っても過言ではないです。日常会話で心の距離を近くすることが何より大事なので、それを忘れず接していってください。

6　普段からの関わりが欠かせない

まずは相手の特徴を掴むこと

日常の1コマで各タイプの特徴を表すようなシーンを取り出して説明しました。どれもそんなに難しいことを言っているわけではないので、こんな風にしていけばいいんだな、と気軽にしていきましょう。

日々、このような会話ややり取りがなされていると思いますので、「信頼関係は一朝一夕ではなく、毎日の積み重ねででき上がるものだ」と再確認もできたのではないでしょうか？

そして何より一番大事なことは、相手のタイプの特徴を知っておくことです。関わる際のポイントがそれぞれ違うからです。

基本のステップのとおり、「自分を知って、相手を知った上で、相手への関わりを変える」です。

第10章　色を味方に組織を創る

1　調和の取れた組織とは

誰もが必要な存在

各タイプの特徴やそれぞれへの関わり方を見てみると、どのタイプが一番よくて、どのタイプがダメ、という評価はできるでしょうか。

甲乙つけがたく、どれもが素晴らしい能力を持ち合わせていることがわかります。あるタイプが得意なことは、別のタイプには不得意なことで、あるタイプが苦手なことが、他のタイプには朝飯前くらい簡単にできてしまうからです。

完璧な人などいなく、お互いに補完し合いながら成り立っている、というのが改めておわかりいただけたのではないでしょうか？

赤レンジャーだけがリーダーではない

組織が置かれている状況によって、組織が目指すものによって、どのタイプがリーダーとなり率いていくのかも変わります。どのタイプをどこに配したらいいかも異なります。

一般的には赤レンジャーがリーダーっぽく思われますが、そんなこと全くありません。

どんなタイプでもリーダーになる素養を持っているのです。

ある会社で診断すると、社長がピンクレンジャーでした。本当に優しい方で控え目な印象は見た目からも伝わってきました。見方を変えれば、弱々しいと感じられるかもしれませんが、控え目な印象がむしろ好感度を上げ、相手の心をそっと開くようなそんな不思議なおおらかさも感じる方でした。その社長の優しさにスタッフがファンになり、社長のために頑張ろうとチーム一丸となり、仲がとてもよいのです。

また社長の周りのブレーンには、青か赤のスタッフを揃えていて、細かなマーケティングをし、経営戦略を立て大勢を巻き込みながら動かしていらっしゃいました。社長自身が自分の強みや弱みを適切に把握され、自分に必要な人材を信用し配置されていることが人のポジショニングからもよくわかりました。

もちろん、業績も伸ばし続けている会社で、伸び続ける理由も雰囲気を見て、すぐに納得したのを覚えています。この社長は創業者ではなく、何代も続く会社の中で今このポジションを任された方です。

このように自分の能力や特性を把握しておくことで、苦手なことをそれが得意な人に助けてもらえ、互いに無理なくスムーズに業務を進めることができるのです。その結果、もちろん組織としても大きな成果を出せるわけです。

結果を出せない組織の共通点は

一方で結果を出せない組織の共通点は、ズバリ「色タイプに偏りがある」ということです。赤レンジャーばかりだと、個人プレーに走ってしまいまとまりません。青レンジャーばかりでも、リスクを考えすぎて行動に移すのに時間がかかりすぎるのです。緑レンジャーだけだと、新しいチャレンジはしたくないので現状維持になります。ピンクレンジャーだけだと、決められないので進みません。黄レンジャーばかりになってしまうと、楽しいだけで結果は後回しになるのです。

ちょっと乱暴に書きましたが、こんなイメージです。

「すべての色タイプが万遍なくいる」

これが調和の取れた組織であり、結果が出やすい組織です。

そして、これができるということは、互いを尊重し、互いの違いを認め、受け入れている、ということに他ならないのです。

誰かだけが力を持っていて、それに従うだけの組織で果たして人は喜びを感じるでしょうか。この「人の喜び」には様々な考えがありますが、1つには自分で考え自分で決めたことを達成したとき、この上ない喜びを感じる人が多いのではないかと思われます。それは、自分の人生を自分で選択し、生きている実感があるからです。

喜びを感じることで脳は快の刺激を受け、自発的に行動を取る。その行動を繰り返す。これが脳科学の原理です（第5章参照）。

また、第1章でも紹介しましたが、働く喜びを必要としている人は働く人の8割を超えていました。それでも感じられていない人が半数もいたわけです。

あなたのそばにいる後輩・部下、メンバーは、喜びを感じているのでしょうか。

彼らが喜びを感じるような関わりができているでしょうか。

組織のリーダーとして、後輩・部下が仕事に対してやる気に溢れ取り組んでくれるほうが結果も出ます。何よりあなた自身も嬉しいのではないでしょうか？

そして、働く仲間が自分たちの仕事に喜びを感じてくれたら、リーダーとして誇りに感じられませんか。

そんな組織を目指しましょう！　この『色コミ』を活用して。

2　リーダーの役割とは

発展し続ける組織をつくる

結局、リーダーの役割って何なの？　どこまですればいいの？　という話に行き着くかもしれません。

リーダーの役割は多岐に渡ります。後輩の育成、部下の指導、売上や業績アップを図ること、進捗管理、タイムマネジメント、情報共有・管理、チームメンバーのモチベーションアップ……など、数え上げたらキリがないです（汗）。

まとめると、メンバーのことを把握し、メンバーが意欲的に楽しんで働ける環境をつくることではないだろうかと考えています。

そして、すべてのリーダーがこのことをできたら、自分がそのポジションからいなくなっても、回り続ける組織をつくることができるのではないかとも思うのです。

なかなか現実的には難しいことでしょう。

よく見られるのが、リーダーが変わることで、メンバーのやる気がアップダウンする現象。もちろん、これはリーダーとしての資質の問題だと思われますし、リーダーになるべき人を育てる、厳選するのも組織の重要な課題でもあると思います。

真のリーダーは、自分の力の限界をわかっていて、だからこそチーム力を信じることができるのです。その上で、組織の未来を考え、人を育て、組織を整え大きく発展させていくことに力を注いでいく人ではないでしょうか？

こんな素晴らしいリーダーの傍で仕事をしたことがあります。厳しさの中に深い優しさを兼ね備えた本当に尊敬できる人でした。その人が与えた影響は、その時代だけでなく、共に働いた人たちに受け継がれ、今なお色褪せることなく続いているのです。

関係の質を計るには

人を育てること、環境をつくること、これはまさに組織の循環モデルの「関係の質」の部分であると言えます。

では、「関係の質」をどうやって調べたらよいのか。

関係の質を計るには、次の3つが指標です。

・組織内で交わされている言葉
・組織内で働く人の表情
・組織内にいる人の行動・態度

皆さんの職場を見渡してみてください。そして確認してみてください。

交わされている言葉が、人を励ます前向きな言葉なのか、やる気を削ぐような後ろ向きな言葉なのか。

働く人の表情が、にこやかな笑顔なのか、しんどそうで暗い能面のような表情なのか。

働く人が、キビキビ動き積極的なのか、ダラダラしていて偉そうなのか。

そして、それはすべて上司であり、リーダーである皆さんの言動が現れているだけではないでしょうか。

組織はリーダーの影響がとても大きいのです。シャワー効果がありますから。

後輩・部下やメンバーの文句を言う前に、まずは組織のリーダーである皆さんから変わっていきましょう。言動を変えていきましょう。

皆さんが変わるだけで、組織は意外と簡単に変わっていきます。

3　働き方改革は関わり＝働きかけの工夫から

働き方改革で重視されるものは

働き方改革では、処遇改善と労働生産性向上、長時間労働の是正、柔軟な働き方の環境整備、多様な人材の確保など様々な変革が求められます。

厚生労働省のＨＰでも、

『魅力ある職場づくり」→「人材の確保」→「業績の向上」→「利益増」の好循環をつくるため、「働き方改革」を進めてより魅力ある職場をつくりましょう！』

と謳っています。ここで興味深いことは、環境を整えれば（関係の質を改善すれば）、結果の質も上がる、ということを示しているところです。

つまり「魅力ある職場づくり」が何よりも大事なのです。

では、「魅力ある職場」ってどのような職場なのか。

これも第1章で紹介したリクルートキャリアの「働く喜び調査」のデータがヒントになるでしょう。

条件だけではなかったわけです。「仕事の仲間とのコミュニケーションが取れているか」、「期待されているか」、要は「自己重要感や承認欲求が満たされているか」でした。こういった心の通った関わりがあることで、人は自分の居場所を感じることができるのです。居場所があるから、その居場所を守ろうと頑張れるのです。

あなたの関わり方＝働きかけでこの自己重要感を、承認欲求を満たすことは可能だ、と本書を通じて述べてまいりました。そして、タイプによってどうしたらよいのか、そのポイントもお伝えしてきました。

関わり方＝働きかけを変えることで、相手の働く喜びは想像を超えて大きくなり、自発的な行動を繰り返してくれるのです。

リーダーが変わると職場が変わる

・働く喜びを感じて、イキイキと自発的に業務に取り組む人が多い会社
・働くことがやらされ感いっぱいで、嫌々ながら作業に取り組む人が多い会社

どちらが理想の職場ですか。

どちらが魅力的な職場ですか。

あなたは、どちらの職場で働きたいですか。

答えは明らかでしょう。

雰囲気とは「そこに集う人の考え方や想いで形成されている」と聞いたことがあります。なるほど！　同じ場所であっても集う人が変わると、全く異なる雰囲気になるものです。リーダーが変わることで、職場の雰囲気が変わる理由もこれで説明できます。

メンバーがどんな想いで仕事に取り組むのか、どんな考えを持っているのか。これが職場の雰囲気に出てしまうのです。リーダーの言動でメンバーの考え方も想いも変わってし

まうからです。

何度も申し上げますが、リーダーがすべてです。

あなたは、後輩・部下、もしくはメンバーのよさを引き出すリーダーですか。

もしくは、後輩・部下、メンバーの可能性を潰しかけているリーダーですか。

あなた自身のためにも、メンバーのためにも、そして組織の未来のためにも、まずはあなたから変わっていきましょう。

あなたの関わり=働きかけが、輝く未来の扉を開く鍵なのです。

あとがき

本書は人の色彩学と心理学をミックスさせた独自メソッド『色コミ』をベースに、色タイプごとの人への関わり方についてまとめたものです。

このタイプだからこう、と人を決めつけ縛りつけるものではないので、その点は十分ご理解ください。

「こんな可能性もあるんだ、この人はどうかな？」と気軽に、世にある様々な他のツールと比較しながら楽しんでもらえたら何よりです。

大事なことは相手をよく見て、興味を持って観察することです。

コロナの影響で在宅勤務になったり、外出自粛が求められたり、人との関わりを強制的に止められた人も少なくないはずです。そこでどんなことを思ったのか。

「嫌な人とは会わなくて済む！」というラッキーな一面と

「大好きな人と会えなくなって辛い」という悲しい一面と。

「部下が何をしているかわからない」という不安な一面もあるでしょう。

また、「家族との関わりが増えてストレスに感じている」という声や「身近な人との関りが支えになった」という声まで様々です。

ただ、オンラインでどこにいても誰かと繋がれることで、「人は安心感や安らぎを得られた」ということも事実なのです。

1日や2日くらいなら、家で過ごすことも苦にはなりません。しかし、数週間、1か月単位で人との交流がなくなると、人は心の安定を失ってしまうのです。

オンライン朝礼を導入したり、テレワークうつが急増したり、オンライン呑み会が広がった背景には、コミュニケーション不足があったからではないかと思われます。

だからこそ、「心の栄養は人との交流である」と言えるのではないでしょうか?

そして、この交流はオンライン化が進み、テレワークが加速するこれからもっと必要性が増すと予想されます。

業務だけでなく、日常的な関わりのヒントとして、職場だけでなく家庭やプライベートの人間関係をよくするためにも、本書の「色コミメソッド」が多くの人のコミュニケーション潤滑油になれば幸いです。

私は日頃より、「仕事の誇りを実感して、仕事の楽しさを働く人に見出してもらいたい」と考えております。

そのような考えの人はイキイキと前向きに働きますし、そんな人が溢れた組織は業績も上がり、喜びを皆で分かち合い、益々組織が活性化し発展していくからです。

人生の多くの時間を費やす仕事をどう捉えるかで、人生が大きく変わることでしょう。

あなたは仕事を楽しんでいますか？

仕事に誇りを持っていますか？

この問いかけに「はい」と応えられる人が1人でも増えることを願って、また今日から人材育成業に携わってまいります。

最後に本書を執筆する機会をくださった皆様、数年前からこの企画を温めてきてお手伝いくださったり、応援してくださったり、ご協力くださいました皆様に心より深く御礼を申し上げます。

ちょうどコロナ禍の中、本書をまとめるにあたり、私自身も人との関わりやメソッドへの想いなど色々と振り返ることができました。同時に人に救われ、癒され励まされ、人との関わりの大切さを強く実感したからこそ、本書ができ上がったとも言えます。

アフターコロナ、withコロナの時代だからこそ、働き甲斐のある職場を創っていきましょう。

今こそ、組織力が問われています。

そして、私自身関わる方々の職場が少しでも改善されますように、とこれからも精進し続けます。今後とも宜しくお願いいたします。

Marble Innovation　代表　松尾久美子

参考文献

・リクルートキャリア調べ「働く喜び調査報告書」2019年8月
・プラ充ワーカー社会認知支援委員会「働き方年表 ～労働者の変遷と働き方の歴史～」
・厚生労働省「経済社会の推移と世代ごとにみた働き方」
・厚生労働省「働く人の意識と就業行動」
・公益財団法人 日本生産性本部と一般社団法人 日本経済青年協議会「働くことの意識調査」
・「色の新しい捉え方―現場で『使える』色彩論―」南雲治嘉著 光文社新書
・「色の秘密」野村順一著 文春文庫plus
・「実践カラーヒーリング」ステファニー・ノリス著
・「脳の事典」坂井建雄著、久光正監修・成美堂出版
・論文「緑色の証明が人間に及ぼす生理的・心理的影響」
愛媛県立医療技術大学保健科学部看護学科 松井美由紀著
愛媛大学大学院医学系研究科看護学専攻 乗松貞子著

著者略歴
松尾　久美子（まつお　くみこ）
Marble　Innovation 代表。兵庫県出身。
大学卒業後、大手鉄道労働組合に就職。管理部門を担当し組合員約 2600 人の組織運営をサポートする。自分より年齢も地位も上の人たちに命令ではなく「いかに気持ちよく動いてもらうかを」思考錯誤しながら行う。一方で、研修担当にもなり自身も講師として登壇するようになる。講師経験を積み退職後、講師活動を本格化。
9 年間でのべ 6 万人を超える学生や社会人に教鞭を執る。
自身の経験から、人の価値観が色に置き換えられると気づき、その色に合わせた対応をすることで、人間関係がスムーズに運ぶことを数多く経験し独自メソッド『色コミ』を体系化する。

現在は、「リーダーが変われば職場が変わる」という思いのもと、喜び溢れる職場環境づくりに注力している。

「仕事に誇りや喜びを見出した人がイキイキと働く社会の創造」を目指す。

HP　https://www.marble-i.com

部下の能力開花は関わり方次第
あなたの部下は何色レンジャー？

2020 年 8 月 4 日 初版発行

著　者　松尾　久美子　© Kumiko　Matsuo
発行人　森　忠順
発行所　株式会社 セルバ出版
〒 113-0034
東京都文京区湯島 1 丁目 12 番 6 号 高関ビル 5 B
☎ 03（5812）1178　FAX 03（5812）1188
https://seluba.co.jp/
発　売　株式会社 創英社／三省堂書店
〒 101-0051
東京都千代田区神田神保町 1 丁目 1 番地
☎ 03（3291）2295　FAX 03（3292）7687

印刷・製本　モリモト印刷株式会社

Printed in JAPAN
ISBN978-4-86367-594-0